餐饮开店实战指南

新店筹备+内部管理+营销推广+品牌构建

餐饮头条 钟彩民◎编著

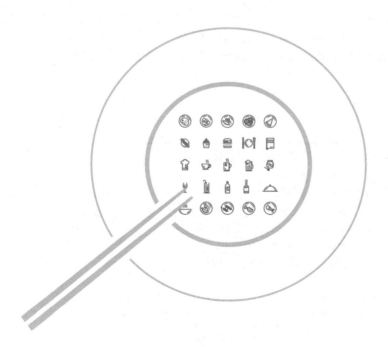

人民邮电出版社

北京

图书在版编目（CIP）数据

餐饮开店实战指南：新店筹备+内部管理+营销推广+品牌构建 / 餐饮头条，钟彩民编著. -- 北京：人民邮电出版社，2019.11
ISBN 978-7-115-52041-8

Ⅰ. ①餐… Ⅱ. ①餐… ②钟… Ⅲ. ①饮食业—经营管理 Ⅳ. ①F719.3

中国版本图书馆CIP数据核字(2019)第198671号

内 容 提 要

　　一家餐饮店，从谋划启动开始，到成功经营及至做大做强，需要方方面面的知识与经验，每个环节都要精细化运营，不能有丝毫懈怠。特别是想要成为网红餐饮店，更需要高效的管理技巧、强大的品牌运营能力和独具一格的营销策略。

　　本书细致入微地展现新餐饮行业中的每一个环节及正确的操作方法，让读者看到一些知名餐饮店的火爆特征，也了解并学习这些餐饮店背后运营、管理、营销及成功的秘密。

　　本书全面讲述了餐饮店开店选址、店铺设计、爆品打造、顾客体验、口碑运营、移动营销等方面的策略与方法，帮助创业者打造火爆餐饮门店，快速盈利，成功创业！

◆　编　　著　　餐饮头条　钟彩民
　　责任编辑　李士振
　　责任印制　周昇亮

◆　人民邮电出版社出版发行　　北京市丰台区成寿寺路 11 号
　　邮编　100164　　电子邮件　315@ptpress.com.cn
　　网址　https://www.ptpress.com.cn

涿州市般润文化传播有限公司印刷

◆　开本：700×1000　1/16
　　印张：16.25　　　　　　　　　2019 年 11 月第 1 版
　　字数：262 千字　　　　　　　2025 年 9 月河北第 30 次印刷

定价：59.80 元

读者服务热线：(010)81055296　印装质量热线：(010)81055316
反盗版热线：(010)81055315

在消费升级的当下，餐饮的个性化、轻奢化、艺术化、定制化趋势愈发明显。随着新型餐饮营销模式特别是网红餐饮店的兴起，创业者对传统餐饮的改造升级需求日益旺盛。

人工智能、大数据、云计算等新技术的应用又催生了新的餐饮形态和经营方式，如外卖、多样化营销等，它们都重度依赖大数据与智能化技术。

当你想要开一家餐饮店时，却发现自己什么也不懂，也无处学习相关知识；当有精湛技艺的厨师，想要独立创业开一家餐饮店时，却发现除了厨艺，其他相关管理知识却一片空白；当有人想要进入餐饮行业，开创一番事业时，却因为不懂行业规则，而无法掌握餐饮的运营、营销、品牌管理等；当一名餐饮行业从业者升职为管理者时，却对厨政管理、人员管理毫无头绪；当你看到各种网红餐饮店红红火火，自己也想要做一家属于自己的网红餐饮店时……这些问题，都能在本书中找到答案。

本书基于以上的形势与需求，从餐饮店如何准备、定位选址、策划设计、管理培训到营销运营等各方面入手，细致入微地介绍了新餐饮行业中的每个环节及正确的操作方法。各个环节都结合餐饮头条相关专家的经验进行案例解剖和方法分析。

本书图表丰富，章节结构合理，将案例、理论、方法及常见的问题等结合起来，用示意图、流程图、数据表等直观呈现，让读者更容易阅读、理解和学习。

本书共11章，分别从思维升级、新店筹备、餐饮设计、餐饮策划、餐饮营销、厨房管理、品控管理、大数据餐饮、员工管理、外卖管理、品牌管理等方面对餐饮运营的细节进行了全面讲解。本书内容由浅入深、通俗易懂，便于读者学习和实践。

本书适合的读者群体为：传统餐饮从业者、新餐饮创业者、餐饮行业店长、餐饮行业投资者、餐饮爱好者及研究者。

第一章
思维升级：新零售下的爆品餐饮这样做

第二章
新店筹备：从选址到资金一个都不能少

第三章
餐饮设计：爆品餐饮从来都是"颜值控"

第四章
餐饮策划：网红餐饮店都是策划出来的

第五章
餐饮营销：再好吃的菜也得先让顾客知道

第六章
厨房管理：管好后厨，门店盈利才稳健高效

第七章
品控管理：建好门店竞争的"护城河"

第八章
大数据餐饮：门店旺不旺，数字会说话

第九章
员工管理：培训优秀员工才有优质服务

第十章
外卖管理：让外卖成为行走的广告牌

**第十一章
品牌管理：做好品牌才有品牌溢价**

第一章

思维升级：
新零售下的爆品餐饮这样做

1.1 餐饮升级，爆品餐饮得有爆品思维

互联网与移动互联网的迅猛发展，尤其是移动支付、社交网络的普及，极大地改变了人们的消费方式和消费理念，这种变革也延伸到了餐饮行业。

近年来，各式各样的网红餐饮层出不穷，如"排队神店"喜茶、"抹茶控的天堂"无邪……众多网红餐饮有的昙花一现，也有的持续火爆。

如新式茶饮品牌喜茶，不仅每家店都排长龙，2018 年 8 月还入驻了上海迪士尼乐园——这是喜茶在全国的第 89 家门店。

同时，迪士尼店也是喜茶在全国的第 5 家"DP 店"，DP 是"Day Dreamer Project（白日梦计划）"的缩写。在原有的茶饮创新的基础上，喜茶再次大胆创新，携手不同领域的设计师，为每家"DP 店"打造独有的空间设计，再次展开全新的餐饮探索。图 1–1 所示为喜茶上海迪士尼店（"男巫与女孩"主题）。

图1-1 喜茶上海迪士尼店（"男巫与女孩"主题）

在餐饮行业正在全面趋于互联网化这条行业升级的道路上，最重要的就是打造爆品。喜茶正是以新式茶饮作为爆品产品而不断走红，而在走红的道路上，新式的"DP 店"又再次成为吸引顾客的爆品店面。

事实上，无论是喜茶还是其他网红餐厅，之所以能够推出爆品，绝非运气使然，而是基于缜密的爆品思维。在这种爆品思维下，每家餐饮店都有机会走上升级之路。

纵观各家爆品餐饮，有效的营销手段是一方面，但更重要的是以爆品思维练就的扎实内功，如图 1-2 所示。

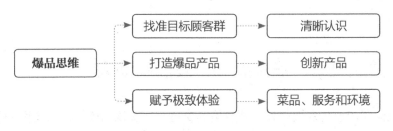

图1-2 以爆品思维修炼内功

1. 找准目标顾客群

任何商业模式都有自己的目标顾客群，而其经营目的也正是为这些顾客提供更优质的服务。相比传统餐饮，爆品餐饮对目标顾客群的认知更加清晰。

喜茶的目标顾客群正是爱好"小资"生活的年轻人，他们热衷于与众不同的高品质消费体验，不介意排队时长，也不苛求性价比，他们更重视如何度过一段闲暇时光——喜茶满足了他们的这些需求。

2. 打造爆品产品

爆品餐饮需要产品作为支撑。互联网时代为各行各业提供了丰富的营销手段，但如果缺乏爆品，再高超的营销手段也"难为无米之炊"。

餐饮店也要清晰认识到，产品并不局限于菜品，如喜茶的水果茶、巴奴毛肚火锅的毛肚、海底捞的服务，都是他们成为爆品餐饮的支撑"产品"。

因此，在产品创新中，你必须让自己的思想活起来，思考关于餐饮的更多可能性，从而针对目标顾客群打造出爆品。

3. 赋予极致体验

无论是"匠人精神"还是"不忘初心"，其终极目的都在赋予顾客极致的体验。对整个餐饮服务流程而言，顾客体验可以简单地分为 3 个环节，即菜品、服务和环境。

当然，不是每家餐饮店都能做到"三管齐下"，我们完全可以采用单个环节突破的策略，先在某一环节给予顾客极致体验，就有希望成为餐饮市场最火爆的那家店。

1.2 关注政策，把握新餐饮发展新动向

任何新产业的发展都离不开政策的支持，新餐饮同样如此。要做新餐饮，就要把握新餐饮的发展新动向。

餐饮行业在新时期也是与新产业互动最为频繁的行业。无论是以互联网为基础的餐饮 O2O，还是基于移动支付的智能点餐，甚至依靠人工智能技术的机器人服务员，都展现了餐饮行业的发展活力。

在经济发展的背景下，餐饮行业已经进入"理性回归、满足大众需求、适应市场变化、着力提升质量与效率"的发展新常态。综合而言，我们将新餐饮的发展新动向总结为 3 个方向。

1. 多元化发展

伴随着大众化餐饮的稳定增长，有机餐饮、特色餐饮、农家乐餐饮等细分餐饮都迎来了巨大的发展契机。尤其是在"互联网＋餐饮"的热潮下，各类餐饮都能在与消费者的直接互动中，找到自己的目标顾客群。

立足于此，新餐饮也走上了多元化的发展道路。无论是何种餐饮类型，只要能击中目标顾客群的痛点，就能够赢得自己的生存空间。

2. 结构化升级

在供给侧结构性改革中，身处红海市场的餐饮行业也应当认识到：年轻群体已经成为餐饮市场的风向标；女性消费、亲子消费更为新餐饮提供了新动

力。与此同时，餐饮健康也越发受到消费者的广泛关注。

因此，在大众创业、万众创新的新时代，新餐饮必须走上结构化升级的道路，催生更多新产品、新业态、新模式，而非"敝帚自珍"式的固执坚守。

3. 关注"渠道下沉"

无论是天猫、淘宝还是京东，电商行业越来越强调"渠道下沉"。近年来，电商平台获得的巨大成功也验证了中小城市乃至乡镇的消费潜力。新餐饮的发展同样应该关注"渠道下沉"，而非执着于一线城市。

尤其是在国家越发重视"扩大内需"的当下，中小城市及乡镇市场也具有极大的消费潜力。因此，新餐饮应扩大有效投资，发挥新型城镇化的带动作用。特别是大型连锁餐饮品牌，更应认识到"属地化覆盖"的巨大市场空间。

1.3 场景再造，高品质用餐环境很重要

如今，不少餐饮店管理者都在抱怨"生意越来越难做了"。他们自认为菜品味道不差，但却很少有顾客光顾，每天只能靠外卖订单维持生意。

之所以陷入这种困境，是因为部分餐饮店没有认识到用餐环境的重要性，更未能在此基础上实现场景再造。

场景是互联网时代的新名词，也是关注目标顾客群需求的最新诠释。顾客的任何一次消费其实都是基于特定场景进行的，就餐饮行业而言，午间工作餐、情侣约会餐、家庭聚会餐……不同的餐饮场景也对应着不同的选择。

但这种场景属性也并非固定的，甚至可能出现跨界转变，比如变成景点的餐厅，或传授茶道的茶馆，或与健身馆配套的色拉店。这类具有多种场景属性的餐饮店自然能够吸引更多的顾客。

菜品、服务和环境是打造极致就餐体验的三大环节。其中，环境是最容易被忽视的环节。相较于酒吧、甜品店或西餐厅、日料店，中餐厅对餐饮环境的

重视程度最令人担忧。

环境在顾客体验中的占比不断提升，场景也已经成为新时代最重要的商业入口。那么，餐饮店该如何实现场景再造，融入新零售时代呢？

1. 打造高品质用餐环境

场景再造首先在于打造高品质的用餐环境。需要注意的是，高品质不等于高档次，最重要的是打造与餐饮氛围高度融合的用餐环境。如果餐饮店的餐饮氛围是活泼的，就应该拒绝老式实木装潢；如果餐饮店的餐饮氛围是现代的，则更适合搭配简约色调。

如果餐饮店已经确定了自身的品牌内涵，那么在打造高品质用餐环境时，就要与品牌内涵相符。

近年来，云南过桥米线开遍了全国各地，但其中有特色的餐饮店却少之又少。云味馆则将茶马古道文化融入品牌内涵中，以契合云南过桥米线的主题菜品。为此，云味馆特意沿着茶马古道的路径，凭借"一店一景"的方式，以大理、普洱等城市风格元素设计餐饮店，如图1-3所示。顾客到店就餐时还能拿到"城市护照"，如果集齐"护照"，则能换领茶马古道的神秘礼物。

图1-3 云味馆店面

2. 塑造全新餐饮场景

餐饮场景的本质是什么？很多餐饮行业的人都简单地将之理解为就餐。但在今天，如果只是为了满足就餐需求，顾客完全可以通过外卖实现。而进店消费则往往是为了社交，比如情侣约会、朋友聚餐等。

从这个角度来理解，餐饮店就能够针对目标顾客群塑造全新的消费场景，来满足其消费需求。除满足最常见的社交需求外，餐饮店同样可以跨界为顾客提供其他领域的服务。

有家名为"分子药局"的网红药店，其主业是药品销售。但这家药店最火爆的生意并非销售药品，而是下午茶。从这家药店的空间设计上来看，其药店属性早已被模糊化，各类药品搭配盆栽、木质家具，更像是艺术品展示空间。在店内大厅中央的木质吧台上，顾客在享受下午茶饮品时，还可以与药师聊聊关于健康的话题。

3. 融入新零售思维

自"新零售"概念出现以来，互联网企业也正在加速冲击传统零售行业，倒逼行业升级。如新零售形式的代表盒马鲜生就完全突破了传统大卖场的形式，顾客不仅可以在这里采购普通卖场商品，还能买到新鲜的海鲜，更重要的是盒马鲜生还提供海鲜加工烹饪服务，完全实现了"现买、现做、现吃"一条龙。

新零售正在全面改造传统零售模式。此时，传统餐饮行业也应当在场景再造中融入新零售思维。

留夫鸭就在杭州推出了第一家无感支付智慧门店。在这家门店的门口有一个小屏幕，顾客只需对着屏幕笑一笑，就能够检测出年龄，系统还会根据顾客的笑容赠予其不同面额的电子优惠券。之后顾客即可入店选购商品，再走过结账通道，就能完成支付。

事实上，在顾客对着屏幕笑一笑的过程中，就完成了人脸注册，而在走过结账通道时，刷脸支付也已经默认完成。

在整个消费过程中，一切都是如此流畅，顾客完全无感。整个消费过程从原先的5分钟缩短至2分钟,更重要的是,这也为留夫鸭节省了至少一半的人力。

新零售思维是对"人、货、场"的全新改造。其中最重要的并非技术,而是如何将技术与用餐环境相结合,给予顾客全新的消费体验,并且不显生硬。

1.4 营销为先,无营销餐品永远在后厨

无论是菜品、服务还是环境,都只存在餐饮店里。但如果没有顾客上门消费,再好的菜品、服务或环境也都是枉然。

想要打造爆品餐饮,必须以营销为先,将目标顾客吸引到店里——没有营销的餐品永远只能堆积在后厨,无人问津。

互联网时代为餐饮店提供了丰富的营销策略,而你要做的就是用最合适的营销策略吸引目标顾客群。

关于新零售时代的餐饮营销,我们总结了五大策略,如图1-4所示。

图1-4 新零售时代的餐饮营销策略

1. 免费策略

免费的东西人人都喜欢,人们也愿意将免费的东西推荐给自己的亲友。因此,免费是一种很好的营销策略。事实上,当今的互联网时代已经成为一个免费的时代,人们几乎可以不花一分钱就享受到互联网带来的诸多便利。

免费策略就是以免费的产品和服务获取顾客或流量的一种方式。当然,营销的最终目的是盈利,而免费策略带来的顾客和流量则是互联网时代中最有价值的资源。

2. 跨界策略

基于移动互联网连接一切的特性，在日益激烈的市场竞争下，行业与行业之间也开始相互渗透、相互融合。在越发频繁的深度合作中，我们很难再清楚地界定一个企业或品牌的"属性"。行业与行业、企业与企业之间的界限开始变得模糊，跨界也因此变得更加容易。

正如"分子药局"跨界餐饮一样，餐饮行业同样可以实现跨界营销。比如麦当劳跨界二次元的"艾木娘の不思议之旅"营销，通过设计全新的二次元形象吸引年轻顾客群的关注。

3. 自媒体策略

社交网络时代催生了大量的自媒体，每个人都可以成为社交网络上的新媒体。各路"网红""大 V"的诞生，让众多营销人士惊叹其"吸睛"能力。

如今，许多企业都开通了官方微博或公众号，也就是企业的自媒体平台。那么，企业又该如何打造自媒体呢？

餐饮店必须关注两个重点。

（1）不做广告，做自媒体

传统的品牌传播思路是通过主动寻找宣传媒介，以广告对企业、品牌进行宣传。而在自媒体时代，你首先要让企业做好自媒体，专注于内容，让消费者主动关注你，关注你的品牌，让媒介主动关注你，对你进行宣传。如果只在自媒体上做广告，很难吸引粉丝的关注。

（2）先服务，后营销

企业在打造自媒体时，必须要认清自媒体营销的重点——推广餐饮品牌。此时，最优选的方案就是为顾客提供服务，比如售后服务或问询服务等。服务能够优化顾客体验，也能让顾客认同品牌，而纯粹的营销却会让顾客逃之夭夭。

4. 精准营销策略

营销和打渔十分类似。这句话很好理解：在营销过程中，先明确目标群体，找到目标群体聚集的环境，再去获取顾客；而在打渔时，渔夫同样需要先确定捕猎目标，在找到池塘之后，再撒网打渔。

在传统营销时代，营销人士习惯了"撒大网"，通过尽可能地展现信息，来确保受众的数量。但这种营销方式的成本和转化率都不尽如人意。

如今盛行"撒小网、捕大鱼"的精准营销。借助互联网、大数据，餐饮店完全可以精准地找到目标顾客群并向其投放更具针对性的营销信息，甚至实现"千人千面"，为每位顾客设计不同的营销方案。

比如留夫鸭智慧门店与口碑平台的一个合作重点就是精准营销，根据顾客的年龄、消费历史和购物习惯，向其推送不同的营销信息。正如口碑业务发展专家郭浩荡所说："例如当你的客单价在 40~50 元的时候，系统可能会推送满70 元减 10 元的券，提升你的客单价。"

5. 痛点策略

餐饮行业的蓬勃发展为顾客提供了丰富的用餐选择。但这是否意味着顾客的餐饮需求都得到满足了呢？事实恰恰相反，我们总是能听到顾客这样那样的不满，餐饮店的菜品、服务或环境似乎都存在不足。

而顾客的不满其实就是他们的"痛点"。此时，谁能解决这些痛点，谁就能快速吸引顾客的目光。

当然，痛点策略成功的关键不仅在于挖掘顾客的痛点，更在于对痛点的解决。如果你无法解决顾客的痛点，那被你吸引来的顾客只会给出大大的差评。

1.5 体验升级，食客吃的不仅仅是食物

时至今日，各种商业模式越发强调用户体验，即顾客在消费过程中的主观感受。当下的竞争不再是一种简单的客观判断，而是复杂的主观选择。

正如喜茶的成功一样，在很多人看来，喜茶不好喝、价格不便宜、排队要很久，几乎无一符合餐饮成功的客观标准，但喜茶就是成了市场爆品。其成功的关键在于喜茶给予了目标顾客想要的体验，顾客觉得好，那就足够了。

事实上，喜茶的成功并不只存在于新零售时代。在传统餐饮环境下，同样有依靠顾客体验成功的案例比如哈根达斯。哈根达斯在产品设计上将视觉美观做到了极致，再加上其对品质至上的坚持，造就了哈根达斯的冰激凌的成功。

无论是喜茶还是哈根达斯，食客吃的不仅是食物，更是餐饮店带来的消费体验。喜茶的"小资"体验，哈根达斯的美观感受，这些都是其他同类餐饮店缺少的体验。

体验是食客对餐饮消费所有主观感受的总和。根据食客消费诉求的不同，餐饮店可以将用户体验分为3类，并给予有针对性的满足。

1. 感官体验

餐饮体验首先是一种感官体验，即视觉、听觉、触觉、嗅觉和味觉的体验。这种体验也形成了食客对餐饮店的第一印象。

如果餐饮店装修独特、音乐迷人、餐桌厚重、气味清新、菜品可口，那当然能够全方位满足顾客的感官体验，让食客产生难忘的回忆，如图1-5所示。

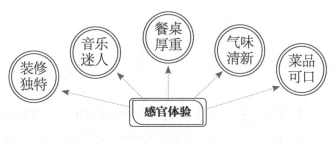

图1-5 感官体验

2. 情感体验

体验作为食客主观感受的总和，自然也包括情感体验。与感官体验不同，良好的情感体验直击食客内心，能够产生持久而深刻的情感印象，进而提高食客对餐饮店的忠诚度。

在用餐时，食客很少会产生情感体验的诉求，他们更多是以体验产品或服务为主。但如果餐饮店能够有效激发食客在消费过程中的积极情感，将用餐过程打造成一次绝佳的体验，也会推动餐饮店营销活动的顺利进行。

事实上，情感体验是最吸引人的消费体验之一，也是餐饮营销的力量源泉。这种情感体验必然源自餐饮店的餐饮服务上，真诚贴心的服务与脸谱化的服务，带来的情感体验有本质的区别。

3. 文化体验

爆品餐饮都有着自己的文化内涵，文化体验也是塑造餐饮品牌的关键。

比如前文提到的云味馆，食客在那里吃的不仅仅是食物，更是品味茶马古道上的历史文化与情怀。

文化体验的关键在于文化主题的确定。如上海小南国的"沪上文化"、杨记兴臭鳜鱼的"徽派文化"。一旦文化主题确定了，餐饮店就可以围绕该主题完成菜品、服务和环境的设计。

在为食客提供富有上海特色的菜品的同时，上海小南国在装修风格上也具有浓郁的上海气息，每位在此用餐的食客，都能感受到典雅的"沪上文化"。

1.6 品牌塑造，个性化品牌让盈利倍增

社会经济的快速发展使消费者越发追求个性化需求，餐饮行业更是如此。简单而言，当前餐饮的主要矛盾，就是传统餐饮供给与新时代食客需求升级后的供需不对等的结构性矛盾。

此时，谁能够满足顾客的个性化需求，谁就能够掌握盈利倍增的钥匙。纵观餐饮市场上的所有爆品，无一不是实现品牌个性化的案例。在瞄准目标顾客群之后，餐饮店的一切策划也都将围绕目标顾客群进行。

谈及爆品餐饮的品牌塑造，很多餐饮人将之理解为简单的单点突破。单点突破或许能帮你引起一定的关注，但却无法靠一个单点真正成为爆品。试想一下，如果海底捞只有服务，火锅味道却很一般；或者巴奴毛肚火锅毛肚虽好，

但服务员却板着脸……这样的餐饮店怎么可能成为爆品店呢？

餐饮品牌是一个综合概念，蕴含了品牌战略、商业模式、营销运营等内容。只有在系统化的全局思维下，餐饮店才能真正借助个性化品牌实现盈利倍增。

聚焦新零售环境，笔者总结了盈利倍增的完整公式：

盈利倍增 ＝ 品牌战略 ＋ 模式创新 ＋ 爆品突破 ＋ 标准化拓展 ＋ 智能运营 ＋ 互联网营销

品牌战略的核心其实在于个性化品牌战略和模式平台化创新。

1. 个性化品牌战略

顾客的注意力是有限的，他们不会关注全部的餐饮品牌，而能够赢得顾客关注的总是行业内的个性化品牌。街边的零散饭店或排挡既难以形成品牌效应，也不具备成长前景。

个性化品牌战略的关键就是寻找细分品类。不断细分再细分，聚焦目标顾客群的痛点需求，从而在顾客心中占据绝对位置，建立稳定根基。而在此后，餐饮店的指数发展、盈利倍增也将变得顺其自然。

（1）寻找细分品类

寻找细分品类看似简单，却需要长远的眼光：你所选择的细分品类是否具有生命力？

时至今日，商业竞争中的"跨界竞争"越发常见，很多企业的失败直接源自品类的消亡。比如当智能机取代功能机，诺基亚就无以为继。

（2）占据绝对位置

准确地找到细分品类能够直击顾客痛点，进而带动细分品类的繁荣。但如果你未能在这一过程中占据绝对位置，你的一切努力也就成了"为他人作嫁衣"。

每个餐饮品牌都有两次注册，其一是在工商局注册登记，其二则是在顾客心中注册。正如谈到烤鸭就想到全聚德，说起上海生煎首先想到小杨生煎，当你在细分品类中占据绝对优势时，你的个性化品牌也就塑造成功了。

2. 模式平台化创新

在品牌塑造中，你要关注的并非一家或几家餐饮店，而是一个餐饮平台，并通过这个餐饮平台与顾客建立连接。

零售的核心在于"人、货、场"，即消费者、商品和场地。所谓新零售就是关于这三个环节的全面升级。具体到餐饮店来看，"人"在于营销，"货"在于爆品，"场"则是场景再造。

当爆品餐饮在三个环节都能够完美达成时，餐饮店就能与市场参与者的各方实现有效连接，从而成为一个创造价值的平台。当整个产业都能在这样的平台上协同运作时，餐饮所能满足的就不再只是食客的用餐需求，更包括食客的情感体验、文化体验，每位顾客都能在此享受到优质的餐饮服务。

此时，餐饮爆发出的力量也将是无穷的，顾客也愿意为这样的精准服务买单。与此同时，在模式成型后，餐饮店可简单复制并快速扩张，这也是盈利倍增的模式内涵。

第二章

新店筹备：

从选址到资金一个都不能少

2.1 开店筹备，做好分析筹划才能一炮而红

2.1.1 做好调研，开店前的 5 个关键调研

打仗讲究"天时地利人和"，做生意也一样。天时（开店时间节点，产品红利期）、地利（选址）、人和（营销和团队），缺一不可。虽然无法定量判断哪个最重要，但如果选址失败，商家想"翻身"的难度绝对超过其他因素。

餐饮行业从业者，在选址时常会面临"想要的租不起，租得起的不想要"的尴尬局面。

那么，餐饮店在开店前要做好哪些关键调研呢？

1. 认真观察并分析顾客构成

根据大量开店营业数据显示，周围居民职业以及他们的收入情况是影响销售额的主要因素之一。

所以，看一个地方是否适合开店，需要客观分析这个地方的人群构成。

周边的居民主要都是什么职业，大家的生活习惯怎么样，主要人群的口味偏好是什么，在外就餐的人群比例大小等。

在分析这些内容时，可以实地调研，也可以借助一些数据分析工具。比如我们借助百度指数对"餐饮"和"早餐"这两个关键词进行对比分析，就能得出一些人群属性。如图 2-1 所示，左图为年龄分布，右图为性别分布，很明显，女性比男性更加注重早餐。

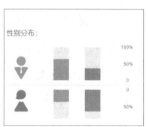

图2-1 百度指数分析

2. 不强求最好地段

繁华的商圈固然诱人，但房租成本也很高。以成都的春熙路、高新区、宽窄巷子为例，这些地方就算你有机会租店，租金也会高到让你望而却步。

此外，就算你得到了黄金地段的旺铺，你还得在短时间内了解如图 2-2 所示的内容。

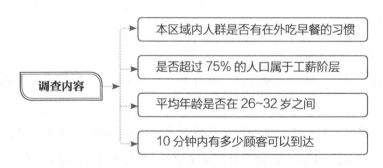

图2-2 黄金地段需要调查的内容

除去各种不稳定因素，最终得到一份准确的数据需要耗费大量的人力与时间。所以说黄金旺铺拼的是资本，如果没有足够的资本就无从谈起了。

3. 避开主干道

主干道上人流量往往很大，看起来非常诱人，但这样的地方不适合开包子铺等早餐店，因为人流不会在这些地方停留。

虽然人流量大，但人流移动的速度过快，选在主干道两边的餐厅就像美国州际公路上的无人加油站，看起来非常冷清。

再者，这样的地段成本很高，很可能会得不偿失。

4. 注意街道的阳面与阴面

就像一座山有阴阳两面，每个街道都有一条阴阳对角线，这与整个人口流动方向有关。举个例子，如图 2-3 所示，左边车道是进城方向，右边车道是出城方向，那么左边就是阳面右边就是阴面，。

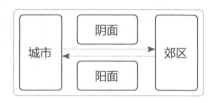

图2-3 街道的阳面和阴面

看似中间只隔一条马路，门对门的店铺，吸客能力往往会有天壤之别，阳面往往要比阴面人流量大很多。

再比如，一条很长的巷子或街道，刚开始人很多，越往里走人越少，走到一定距离时人就不想往前走了，多半会返回去找一家餐馆吃饭。这个点就是人们通常会选择折返的点，前边的店和后边的店可能相差不过数十米，生意却有天壤之别。

5. 适当降低标准

新餐饮时代，竞争十分激烈。没有十全十美的地方，所以你要时刻准备降低标准。

找店铺时，我们应明确知道自己看中哪些优点，能够接受哪些缺点。

严格来说，从来没有好铺子和坏铺子之分，只有店铺与产品(以及经营能力)是否匹配的区别。月租一千元的店铺和月租十万元的店铺都能做生意，但匹配度越高的店铺盈利的概率也会越大。

2.1.2 类型选择，什么类型的餐饮店适合你

和其他投资一样，餐饮也讲究趋势。餐饮行业存在五花八门的细分类型，

最简单的分类为中餐、西餐。中餐又包含八大菜系、各色小吃；西餐则有美式、意式、法式之分。除此之外，在就餐模式方面，还有快餐、自助餐、点餐等区分。

不同类型的餐饮，不仅前期投资有着显著差异，而且其目标顾客群也有着很大区别。

到底什么类型的餐饮才适合自己？这也是开店筹备中的核心问题，尤其是在就餐模式方面。

1. 零点餐饮，即点菜餐厅

零点餐饮是最常见的餐饮类型：客人进店后由服务员引领入座，根据菜单点菜，再由服务员上菜，直至就餐完毕结算餐费。看似简单的餐饮类型背后，却是复杂的顾客群成分、丰富的菜品种类以及相互交错的用餐时间，这些都在工作量上给餐厅带来巨大挑战。

因此，在筹备经营零点餐厅时，最重要的就在于服务管理水平，店家必须充分顾及领座、点菜、上菜、收款等各个环节，做到快速、准确和有序。否则，顾客好不容易等到座位，却没有服务员来点菜，甚至连杯水都没有，那么顾客大概会立马转身走人。

2. 团体餐饮，或会议餐厅

相比于主要服务个人顾客的零点餐厅，团体餐厅主要服务各类团体就餐，比如旅行社、会议、团建活动等。在经营过程中，一般由团体提前对接，说明用餐需求并确定用餐时间。餐厅则可以提前做好准备，并与主办单位统一结算餐费。

用餐标准固定、时间集中的特点，使得团体餐厅对服务管理的要求一般，只需注意菜式的合理搭配并保证分量充足即可。

其实，团体餐厅的竞争点在于社会资源，在于你能否拿到足够的团体订单。

3. 风味餐饮，或特色餐厅

风味餐饮是最容易成功的一种餐饮类型。只要你的餐厅足够有特色，能够给顾客留下深刻印象，尝鲜者、回头客都将源源不断。

风味餐厅主要提供各种具有特色风味的菜肴或服务，比如私房菜、特色菜等。风味餐厅的特色一般体现在各个细节，如店面装潢、菜肴风味，甚至菜品名称、服务用语等，图2-4所示即为一家典型的风味餐厅。

图2-4　风味餐厅

图2-4所示是近年来颇为火热的"武侠风"餐厅。这类餐厅不仅装潢古色古香，服务人员也都身着古典服饰，包厢被命名为"试剑堂"，菜品则被冠以"黯然销魂饭""化骨绵掌"等名称，甚至连"欢迎下次再来"也被改为"青山不改，绿水长流"……

4. 自助餐饮

只需支付固定的"门票"之后，就可以敞开来大吃大喝，菜品有烤肉、有日料，还有海鲜……这样的就餐模式就是自助餐饮，它受到许多顾客的喜爱，甚至会有人专门制作攻略，研究如何吃最划算。

自助餐厅一般无需过多服务员，但却需要准备品种丰富、风味各异的菜品，并确保菜品供应快速、桌面清理及时，以满足客人的就餐需求。

对于经营者而言，自助餐厅的经营较为简单；对于消费者而言，自助餐厅也看似划算。所以自助餐厅的生意大多十分火爆，而且慢慢与其他餐饮类型结合起来，出现自助烤肉、自助火锅、自助海鲜、自助日料等多种类型。

5. 咖啡厅

咖啡厅实际上就是小型的西餐厅，主要供应咖啡、西式简餐和酒水等产品。相比于正规的西餐厅，咖啡厅价格便宜、服务迅速，更容易满足大众的社交需求。顾客点一份简餐之后，往往会再点两杯咖啡或一壶茶，坐着聊聊天……

6. 宴会厅及多功能厅

宴会厅及多功能厅则是团体餐厅的升级版，主要满足婚宴、酒会、大型会议或展览等各类需求。它们不仅能够提供足够的设宴场地，也能够根据客人的要求布置厅堂、制定菜单，并提供灯光、音响等视听设备，为客人提供更加完善的宴会服务。

这种餐厅看起来前期投入很大，但因为受众面广，后期投资小，其实有很大的利润空间。如灯光、音响设备，从业者都可以根据需要临时租赁，无须自己采购。

2.1.3 餐饮陷阱，你一定要避开的 6 个"坑"

餐饮是最简单的创业方式，但也是最容易失败的创业道路。在开店筹备阶段，创业者就可能掉入各种"深坑"，在不知不觉中走向失败。

事实上，70% 的餐饮店在开店之后就陷入了经营危机，而剩下的 30% 中，能够实现盈利的也是少之又少。

要想避免"开业容易、经营难"的困境，在选择开店时，你一定要避开六个"坑"。

1. 跟风开店，缺乏内涵

如今，餐饮界的网红店越来越多，早如孟非的"重庆小面"，近如喜茶、牛肉火锅等。当别的店面门可罗雀时，这些网红店的门口却大排长龙；当你羡慕这样的火爆生意时，就要警惕第一个陷阱——跟风开店。

网红店成功的关键究竟是什么？独特的装修风格，地道的饮食风味，贴心的顾客服务，还是背后的网红经营者？

"风口论"广泛存在于各行各业，每个人都想成为"风口上的猪"。但如果你不能抓住其中诀窍，盲目地跟风开店，只会"画虎不成反类犬"，毫无内涵。

2. 迷信创新，脱离实际

很多人进入餐饮业都抱着美好的憧憬，对餐饮店的各个细节都有自己的想法——"这样创新，一定能行"。但餐饮其实是最需要实干的行业，无论是多有创意的想法，如果不能落地执行，成功也只是憧憬。

比如"赵小姐不等位"堪称网红餐厅的鼻祖，在上海开有 7 家门店，每家店都生意火爆。后来，或许是看中门口等位的客流，餐厅经营者创新性地在隔壁开了一家甜品店——"吃完咸的吃点甜的"。但让经营者没想到的是，因为甜品店的味道不被认可，连带着餐厅风味也被质疑，很多想要尝鲜的顾客都被甜品"赶跑了"。

除了这种跨界创新之外，还有在烤肉店表演歌舞、在火锅下嵌入音箱的所谓"创新"，听起来似乎挺有新意，但做出来却让顾客觉得"毫无趣味"。

3. 忽视合同，要吃大亏

新店开业时，许多创业者都一门心思放在店面装修和筹备中，但对于租赁合同却有所忽视。

当你看到一份价格便宜的转让合同时，不要急着签字，而要注意其中的涨租、续租等条款内容，否则，就可能掉入合同陷阱。

有从业者就因此吃了大亏：因为第一年生意火爆，房东立马要求第二年租金涨 10 万元，甚至第三年要涨 15 万元。如此算下来，辛苦挣的钱都给了房东。

所以，在签订租赁合同时，你千万不要嫌麻烦，最好是约定好长达 5~10 年的租金，以及期间的递增幅度（如 5%~10%），并到相关部门进行公证。

4. 夫妻开店，难免矛盾

很多餐饮店都是夫妻店。毕竟自家账更好算，有事也好商量。但事实上，夫妻开店容易将家庭矛盾放大至店里，甚至会引发决策冲突。

夫妻店的典型经营模式是：男掌厨，女客服。这样看似分工明确的经营模式，一旦遇到问题却可能发生出乎意料的变化。

比如顾客买单时，男经营者大笔一挥，优惠了 25 元的零头，但女经营者却只愿优惠 5 元，最后客人主动说"优惠 5 元就好"，女经营者却已经与男经营者争执了起来……类似的事件经常发生。

5. 盲目活动，没有准心

餐饮店最喜欢搞活动，希望通过各种特价活动吸引新顾客、维护老顾客。所以，餐饮业的活动点子也最多，比如百度搜索关键词"餐饮活动"，相关结果超过 1030 万个，第一条就是"餐饮人必懂的 50 个营销活动"，如图 2-5 所示。

图2-5 "餐饮活动"搜索结果

但餐饮店每次搞活动都应明确目的，是吸引新顾客，还是维护老顾客，是让顾客品尝新菜、还是让顾客成功办卡……否则耗费大量精力，效果却不好。

比如某砂锅店开业前三天"免费试吃"，结果全城的大爷大妈们早早过来排队，真正喜欢吃砂锅的年轻人却根本没机会品尝；等到恢复原价时，原本火爆的店面一下变得冷清。这种活动本身就没有聚焦，自然也谈不上效果。

6. 众口难调，切莫迷茫

互联网时代，顾客喜欢在网上对餐饮店进行评价，或是在就餐前先看评价如何。从业者大多对此十分关注，想尽办法确保店铺评分在 4.8 以上。

于是，很多从业者每天就盯着顾客点评：有顾客说哪里做得好，管理者就开会表扬服务人员；有顾客说口味太淡了，管理者就约谈厨师要求加料；又有顾客说咸了，管理者就要求少放盐……最后服务员说太累了，厨师说不干了，管理者也迷茫了。

其实，众口难调这个词在餐饮业表现得最为直观，没有哪家餐饮店能够满足所有顾客的口味。但只要用心去做，拥有自己的忠实顾客，创业就能够成功。

2.1.4 餐饮投资，是单独干还是合伙干

餐饮投资，到底是单独干，还是合伙干？这是困扰无数创业者的一个问题。

要想解决这个问题，你必须搞清楚，为什么你想与人合伙干。只有想明白这个原因，才能再分析单干与合伙的利弊。

其实，合伙投资餐饮，不外乎以下5点原因。

1. 资金不足

资金是创业的第一道拦路虎，无论是前期投资，还是日常运营，餐饮店都需要持续的资金投入，因此，如果你缺乏足够的资金，找人合伙就是必然的选择——前提是合伙人能轻松拿出足够的资金。

2. 能力互补

每个人都有其性格缺点或能力缺陷，而某些缺点则可能直接导致创业失败。此时，如果有一位能弥补你不足的合伙人，就能很好地扬长避短，事半功倍。

3. 资源有限

如果你是第一次餐饮创业，那就可能存在一些方面的资源短缺，比如好的厨师、供应商或经理人。为了少走弯路，或增强竞争力，寻找合适的合伙人就十分必要。

4. 志趣相投

很多人都有创业的梦想，尤其是关于餐饮的创业梦想。当你决定投资餐饮时，也会有很多志趣相投的亲友想要参股。此时，或碍于情面，或想要陪伴，创业也由此走上合伙之路。

5. 分担风险

创业有风险，投资需谨慎。多一位合伙人，也意味着多了一位分担风险的伙伴。

通过这样的分析，你也就能明白合伙投资餐饮的优势，如图2-6所示。

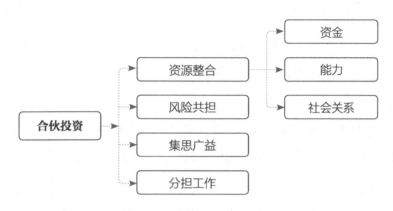

图2-6　合伙投资餐饮的优势

然而，任何事情都有两面性。合伙投资有时不仅无法带来上述优势，反而会造成各种矛盾。

1. 产生惰性

"三个和尚没水吃"的道理自古有之。在合伙经营的过程中，合伙人往往会产生惰性，比如因为"我出钱、你出力"的想法，合伙人不愿出力。长此以往，你也会失去激情，变得懈怠。

2. 产生分歧

合伙人之间可能产生分歧。在餐厅经营顺风顺水时，这种分歧往往容易解决，大家可以"以和为贵"；但当餐厅出现经营困难时，意见分歧造成的破坏反而更大，合伙人甚至可能会互相责怪、最终反目成仇、散伙歇业。

3. 利益分配

只要涉及利益分配，都容易造成矛盾——蛋糕只有一块，分几份、怎么分？如果合伙人投完资就当甩手掌柜，辛苦经营的你是否能够接受利润对半分？毕竟，功劳各凭己说，谁都觉得自己贡献大、应该拿得多，最终导致分歧产生。

为了充分发挥合伙投资餐饮的优势，你必须与合伙人签订完善的合作协议，并保持包容的合作态度，在公私分明与良好沟通中走向未来。若非如此，单干才是更好的选择。选择单干的优势有以下3点。

1. 独立决策

单干的最大优势在于独立决策。餐厅的投资、经营和管理都由你一个人说了算，不会出现不必要的分歧，也能够进一步提高团队的执行力。

2. 全心投入

单干意味着没有依赖，也意味着你必须全心投入到餐厅的经营中，不断完善餐厅经营的每个细节，并思考其中可以改善和创新的地方。

3. 快速转变

基于独立决策和全心投入两点，一旦你有了创新性的经营理念，就能够立刻尝试，而不用考虑合伙人的意见。如果经营理念正确，你就能打造出独特的市场竞争力。

2.1.5 算清账目，筹备好开店资金

开店的过程就是"砸钱"的过程。而最尴尬的事莫过于筹备中途资金不足，一切由此陷入停滞。

为了避免这种情况发生，在筹备开店之前就要算清账目，筹备好开店所需的资金。

一般来说，开店主要需支付以下7笔账单，如表2-1所示。

表2-1 开店主要的支出

名目	内容
铺面租金	这笔租金费用占据了开店资金的很大比例。一般来说，市场上有许多餐饮店低价转让，从业者可以视情况选择接手，成本可能只需5万~10万元

续表

名目	内容
设备设施费用	餐厅需要用到各种设备设施，尤其是烹饪设备、通风设备、消防设施等，要列出一份详细的清单再精打细算。如果是直接接手转让的餐饮店，这部分则只需花费较少的改造费用
装修及家具费用	餐厅的装修费用包括外墙装修、铺面装修、立体装修等，此外还需要采购大量的桌、椅、柜、架等。 关于店面的座位数量有一个估算公式：营业面积约占总面积的 60%，单个座位平均占位 0.6 平方米，单个包间（容纳 10 个座位）面积约 10 平方米。按此计算，一家 100 平方米的餐饮店，如果不设包间，可安排 100（100*60%/0.6）个座位；如果设 2 个包间（可安排 20 个座位），则大堂座位数约 66[（100*60%–2*10）/0.6] 个
餐具费用	包括碗、盘、盆、勺、刀、叉、筷以及各种酒具、茶具等玻璃器皿。根据餐饮类型的不同，也有一些特殊餐具，比如火锅店的火锅锅具、西餐厅的餐车等
开办费用	包括工商注册过程中的各种开办费用，如营业执照、税务登记等。上述 5 项费用就是筹备开店中需要应付的主要账单，如果是新领牌照的小型餐饮店，大概需要 20 万～30 万元，而转让来的小型餐饮店，则需投入 10 万～20 万元。当然，经营餐饮店的账目并不只是前期投资，还包括日常周转等费用
周转资金	主要用于开店初期的日常周转，如水电费、食材采购及其他费用
贷款利息	如果你选择贷款投资餐厅，则要注意贷款产生的利息费用

你必须逐一列出清单、计算费用，才能在筹备资金时做到精打细算，并在后期资金投入时有的放矢、避免浪费。

2.1.6 餐饮心态，餐饮店没有回头路

开店筹备不仅是关于资金、资源的筹备，也是关于心态的筹备。"餐饮店没有回头路"，如果没有做好相应的心理准备，后期的各种挫折、困难会迅速磨灭你的创业热情，击溃你的心理防线。

在心态准备中，尤其要注意规避以下 4 种错误心态。

1. 开完店就可以一劳永逸

"找到合适的店铺、设计合适的产品，等到装修完毕、正式开业，就可以一劳永逸，等着顾客源源不断地上门了……"如果抱有这样的心态，你的餐饮

店可能活不到第二个月。

餐饮行业是变数很大的行业，任何所谓的潮流都可能只维持极短的时间。今天流行的口味，明天就可能被替代；今天贴心的服务，明天就可能被厌恶。想开好餐饮店，就要不断投入、持续改进，在升级迭代中永不落伍。

2. 餐饮业有捷径可走

在互联网时代，各种各样的网红餐厅层出不穷。凭借出色的营销手段，这些餐厅能够快速赢得顾客关注。这让很多从业者以为餐饮业有捷径可走，纷纷开始关注营销手段而非菜品和服务。

然而，如果菜品不佳、品质不稳，以营销获取的庞大客流也只会是昙花一现。营销只是手段，菜品、服务才是根本，单纯追逐营销获客的"捷径"，不过是一条赚取"快钱"的"断头路"而已。

3. 餐饮可以凭感觉创新

类型多样的餐饮店往往让创业者认为餐饮业没有定式，可以凭感觉创新。比如前文提到的"在烤肉店表演歌舞""在火锅下嵌入音箱"等自以为是的创新，往往成为餐饮店运营最致命的毒药。

餐饮业的任何创新都需要通过充分的调查、研究，只有符合消费者消费习惯的创新，才是精准创新。

4. 错了可以再来

经营餐饮店最重要的就是维护老顾客。回头客才是餐饮店的核心竞争优势。但回头客大多比较"顽固"，他们往往认定了餐饮店的某种特色。一旦餐饮店在创新中失去了这种特色，他们也会迅速放弃、选择别家。

餐饮店根本没有回头路可走，行差踏错的结果就是满盘皆输。

2.2 店铺选址，餐饮店开在哪里大有学问

2.2.1 合理选址，餐饮店选址九大问题

在餐饮创业史上，失败的原因千奇百怪，有一种最为致命——选址失败。一旦餐饮店选址失败，无论如何营销、管理，怎样创新、服务，都无法挽回局势。选址的好坏直接决定了一家餐饮店的生死。

对于餐饮店新手来说，最容易犯以下 9 个选址错误。

1. "跟着大牌有钱赚"

如果一个商场既有肯德基、麦当劳，又有星巴克、必胜客，跟着这些大牌开店是否准没错呢？这是很多餐饮新手的错觉，因为他们并不知道大牌入驻背后的秘密。

很多商场在开业时，为了吸引客流，都会主动邀请大牌餐饮店入驻。因此，他们的租金都十分便宜，甚至有 1~3 年的免租优惠。大牌餐饮店出于整体战略考虑，一般也会抢占先机、完善布局，对他们来说，这个店不赚钱也无所谓——养得起。

很多中小餐饮店则可能因为有"跟着大牌有钱赚"的错觉，选择在商场开店。但对这些非知名品牌，商场则可能加价收租，以弥补大牌餐饮店的租金亏损。

此时，肩负数倍于大牌店租金的你，还能跟得起吗？

2. "租金便宜大过天"

在传统观念中，一个典型的问题就在于将租金放在首位，认为"租金便宜大过天"。因此，很多从业者看到便宜的铺面就急忙签订租赁合同，但后期却可能面临一系列问题，如客流量过低、物业纠纷等。

且不谈潜在的物业纠纷问题，租金半价的位置往往意味着客流量减半。营业额大幅减少的情况下，铺面装修、办理证照以及人工等费用并不会因此削减，这其实是变相地提升了餐饮店的运营成本。

3. 转租铺位只看价格

当选择街边店经营餐饮生意时，转租铺位就成为一种常态。但在转租铺位时，你一定要当心，不要只看价格，还要避免其中暗藏的危机。

（1）为什么转租铺位？是因为原店主个人原因，还是铺位的客观原因？

（2）周边布局是否存在重大变动？比如学校、医院搬迁。

（3）转租是否需要收取大额转让费用？

（4）如果是二房东转租，是否有产权人的产权证件与身份信息？

你必须事先清楚所有相关的问题，尽量做到知根知底。这就要求你最好去周边实地调查，通过闲聊的方式从其他店主那里获取信息。除此之外，关于周边布局的重大变动，你也可以去政府网站了解公示信息。

4. 忽视硬件设施

每个场地在预先装修时都需遵循一定的硬件设施标准，而这些标准与餐饮店的经营需求往往不匹配。你要对目标铺位的硬件指标进行详细了解，如图2-7所示，以免后期装修时遇到瓶颈，甚至导致整个装修方案推倒重来。

供给电量是否充足，是否需要额外增容？

是否具备排烟管道，如不具备，能否安装？

铺位墙体哪些能拆、能动？

空调下水是否完善？

场地改造是否需要支付改造费用？

图2-7 了解目标铺位的硬件指标

对于这些问题，你都要与房东一一确认之后，洽谈好合适的方案，并将其写入合同当中。

5. 租期长短无所谓

租赁铺位时，房东通常只给一年的租期。很多从业者轻信房东"到期可优先续租"的承诺，掉入了租期的陷阱。

经营一家餐饮店，从初期装修到设备安装再到正式运营，需要投入大量的成本，一年的时间根本无法回本。如果只有一年的租期，到期后房东停租或者大幅涨租，你也无可奈何。

因此，租赁合同上的租期一定要尽可能长，至少 2 年，最好 3~5 年。为了满足房东的利益，你们也可以约定一定的租金涨幅。如此一来，即使因为经营不善撤店毁约，你也不过损失掉一笔押金而已。但如果租期太短，你要面临的风险就更大了。

6. "越早进越便宜"

商场或商区初期招商时，都会打出"越早进越便宜"的口号招揽商户。此时的租金价格的确便宜，但你不知道的是，商业地产位置再好，也得耗费半年时间"养客"，位置不好的话甚至需要 1~3 年的时间。

如果你贪图初期租金便宜入驻了，却根本没有所谓的日进斗金，而只有月月赔钱。等到换了一两批商户，商圈成熟了，你却早已撑不住，反而做了别人的垫脚石。

7. 人流量＝客流量

人流量是很多购物中心招商的重要指标，如果你也以这个指标简略地计算客流量，等到开始运营时就会发现：门前人来人往，却没人进店消费。为什么呢？因为人流量并不等于客流量。

举例来说，地铁口是人流量最大的区域之一，但除非是商圈地铁口，其余的人们一般都急着奔赴目的地，没有逛街消费的心态，这样的人流量很少会转化为餐饮店的客流量。

选址就是选客流，你一定要关注真正能转化为顾客的数量，而非简单的人流量。

8. 目标顾客群不匹配

每个餐饮店都有自身的特点，比如针对年轻顾客群的休闲餐饮，或针对中老年、家庭顾客群的正式餐饮……在经营餐饮店之前要明确目标顾客群，选址也要与目标顾客群相匹配。

与目标顾客群匹配的选址如医院门口的鲜花水果店，学校门口的早餐店，电影院旁边的休闲餐饮等。但如果在学校门口经营中式正餐，在医院门口开休闲餐饮，就很难吸引到目标顾客群。

9. 忌讳扎堆选址

餐饮店选址时都要考量周边的餐饮业态，很多从业者十分忌讳扎堆选址，认为这样会承受太大的竞争压力。

事实上，扎堆选址能够让你充分享受"聚集效应"。如三里屯酒吧街是北京"夜间经济"的标志地，据统计，在三里屯方圆1千米内，聚集了北京60%以上的酒吧。

扎堆选址，可以最大限度地聚集目标顾客群。比如各地都有的"龙虾街""美食街"等，因为同类餐饮店的扎堆，也吸引了大量目标顾客群前来。此时，只要你拥有一定的差异化经营技巧，如不同的经营时间段、装修特色等，就能成为扎堆经营中的佼佼者。

2.2.2 认清事实，黄金地段不等于黄金选址

谈及餐饮选址，很多人第一时间就想到黄金地段，认为黄金地段"客流量大，生意肯定好"。但你必须认清的一个事实是：黄金地段不等于黄金选址。

万达是商业地产中的金字招牌，但同样顶着"万达"品牌、背靠万达广场的万达金街，却埋葬了无数餐饮人的梦想。

每个城市的万达广场都是大家比较认同的"城市副中心"，于是，餐饮人也想当然地认为"背靠大树好乘凉"。但实际上，万达金街大多位于万达广场的背面，而其餐饮业态也与万达广场截然不同：万达广场内多是特色餐饮或品牌餐饮，而在万达金街上，则是一些没有品牌的小众餐饮，人均消费甚至不超

过 50 元。

据统计，万达广场的每万人客流中，真正逛万达金街的客流不足 600 人，即仅有 6% 的转化率。因此，所谓的庞大客流量，对于万达金街的商户而言，也成了"伪客流"。

没有人流、顾客群非目标顾客群、内部竞争激烈、消费体验差……位于万达广场这样的黄金地段，万达金街却成了无数餐饮人的梦想埋葬地。

在店铺选址时，一定要分清人流量和客流量，以及目标顾客群的匹配度。也就是说，关键不在于人流量或客流量有多少，而在于目标顾客群的客流量有多少。

因此，即使是黄金地段，也要结合自身特点去分析，确定该地段是不是适合自己的黄金选址。选址分析应当聚焦客源构成、消费需求、店铺特点以及业态特点等要素，如表 2-2 所示。

表2-2 主要餐饮选址分析

	客源构成	消费需求	铺位特点	业态特点
车站前	多元化	酒水饮料	租金／押金高	翻台率要求高
写字楼	白领为主工作日客流大	商务简餐	商务洽谈需具备一定隐秘性	竞争对手多
学校周边	学生为主	聊天、消遣	学生聚会需桌椅摆放灵活	季节性差异大
商业综合体	年轻人家庭为主	休闲、特色	租金／押金高	节假日人流密集
住宅区	家庭为主	聚餐	注意包间设置	价格亲民、本土特色
背街小巷	客流少	特色餐饮	租金／押金低	地段偏僻、特色为先
市郊	车主为主	大型主题休闲餐饮	注意品牌与营销	位置偏远、占地较广，需有辨识度

铺位选址也要按照表 2-2 所示的思路综合分析。若能确保各项要素都适合，即便人流量不高，也是专属的黄金选址，因为不多的人流量可能全部是你的顾客。

2.2.3 经验借鉴，餐饮旺铺是如何选址的

许多大型餐饮企业都有自己的选址方法，而很多餐饮新手认为这些方法不适合自己的中小型餐饮店，但选址窍门万变不离其宗，通过经验借鉴，你同样可以掌握餐饮旺铺的选址技巧。

井格火锅目前在全国有 46 家分店，既有街边店，也有商场超市店，并且每家分店的生意都异常火爆。其中的关键就在于井格火锅的选址策略。

很多人试图研究井格火锅的选址窍门，却往往陷入困惑：井格火锅不仅街边店与商场超市店双管齐下，甚至没有遵循常规的选址间隔要求。

在北京天通苑地区，井格火锅先是开了一家街边店，短短一年之后，又在 800 米外的龙德广场开了一家商超店。距离如此近的两家同品牌店面已经违反常规，但两家店的生意不降反增，其营收都增长了 10% 以上。

深入分析就会发现，两家店虽然距离很近，但其目标顾客群却截然不同。街边店主要服务于男性聚会，而商超店则针对结伴逛街的女性顾客群。在节假日客流爆发时，商超店也会将顾客引流至不远的街边店，从而分担节假日客流。

井格火锅究竟是如何选址的？这其实得益于井格火锅的两条"决策树"。

1. 商超选址：一筛、四看、二注意

商场超市店本身就具有巨大的客流优势，也能加持餐饮店的品牌宣传。但入驻商超除了成本高昂的劣势之外，一旦选择错误，还会陷入赔本赚吆喝的尴尬境地。更为严重的是，如果商超店经营不善，还会直接导致品牌失败。

因此，在商超店选址时，井格火锅制定了"一筛、四看、二注意"的决策模型，如图 2-8 所示。

选择商超其实就是在选择开发商。国内商业地产格局已经形成，一线开发商如万科、万达、华润等对餐饮店来说，都是不错的选择。因为选择一线开发商可以避免小型开发商不规范管理带来的潜在问题。

近年来，也有一些传统大牌企业转型做二三线城市的商业地产，如苏宁广场等，也可以给予关注。因此，其客流吸引能力往往也很高。

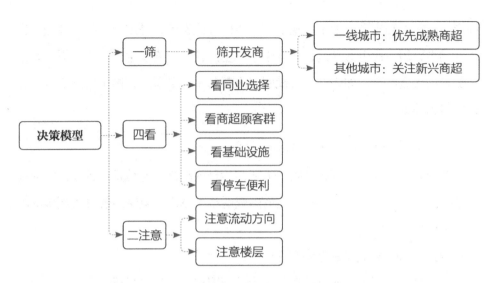

图2-8 井格火锅商超选址决策模型

2. 街边选址：细节突显优势

相比于商超选址，街边选址则更加复杂。因为在选址的问题上，商超开发商本身就已经做了很好的规避，比如管理风险等。

井格火锅在选址街边店时更加注重细节，通过详细的考察，从细节中确立优势。尤其是在社区街边店选址时，井格火锅比较注重四个细节条件，如图2-9所示。

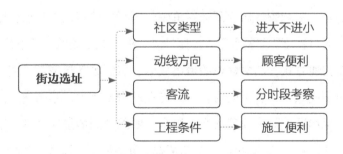

图2-9 井格火锅街边选址策略

需要注意的是，在考察街边店客流情况时，井格火锅特别设置了3个时段，即周一、周五和周末的中午及晚上。之所以如此设置，是因为根据以往经验：在一周中，周一的生意最差；周五中午餐生意较差、晚餐生意暴增；周末则是节假日的代表时段。如果 3 个时段的客流都基本满足要求，则可以判定其为合适的店铺地址。

2.2.4 商圈选址，做好 4 步走战略

商圈是指餐饮店对顾客的吸引力所能达到的范围，也就是餐饮店顾客的地理分布情况。一般而言，餐饮店的商圈辐射范围越广，就越能够覆盖更多的顾客，吸引更大的客流。

因此，店铺选址切忌忽略商圈选址。

肯德基在中国市场的成功在于完善的商圈选址策略。肯德基在进入每个城市市场之前，都会事先通过专业渠道收集该地区的资料，再根据资料划分商圈，并对每个商圈做出评分。

肯德基的商圈计分标准包括商场分布、交通线路等各种要素。在确定商圈之后，则要考察该商圈的主要聚客点，力争在最聚客的地方开店。

商圈选址并不是想当然，而是基于深入调查后，对所得结果的科学分析。在商圈选址时，一定要做好四步走战略。

1. 商圈调查

通常而言，影响餐饮店商圈辐射范围的因素主要有以下几点：餐饮店地理位置、当地人口密度 / 发展水平 / 饮食习惯、附近竞争餐饮、餐饮店自身魅力、顾客群主要交通方式、消费娱乐的聚集效应、店面服务与创新力度。

"十里不同风，百里不同俗"，即使在一个城市内，不同商圈内的顾客消费习惯也不尽相同。同一款餐饮产品组合在不同商圈的境遇会有天壤之别。因此，在商圈调查时，一定要立足本商圈情况，而非想当然地认为"同城都一样"。

2. 选址要求

餐饮店有多种类型，其选址要求也有一定差异。餐饮人一定要根据自身餐

厅特点确定选址要求，如图 2-10 所示。

```
┌─────────────────────────────────┐
│ 商圈选择：商圈类型、客流情况等 │
└─────────────────────────────────┘
┌─────────────────────────────────┐
│ 立店条件：卫生、消防、环保等 │
└─────────────────────────────────┘
┌─────────────────────────────────┐
│ 建筑要求：电力、排烟、供水等 │
└─────────────────────────────────┘
┌─────────────────────────────────┐
│ 面积要求：视情况而定 │
└─────────────────────────────────┘
```

图2-10 选址要求

餐饮店的面积不是越大越好，而是要满足经营需要并符合客源情况。通常来说，大众型餐饮店（如面馆）的面积为 80~200 平方米，火锅店面积为 120~500 平方米，连锁快餐店面积最好在 200~500 平方米，而商务型餐饮店面积则需 150~1000 平方米。

3. 备选店地址

在同一个商圈内可能有多个满足要求的地址。你尽可能把它们都纳入备选店范畴。在初步的筛选之后，再对这些地址进行深入的调查比较，包括市场调查、顾客调查、竞争对手调查等。

此外，商圈选址不仅要考虑当下，还要考虑餐饮店的未来发展，创业者要特别关注当地的城市建设规划，了解商圈交通、街道、市政、住宅等项目规划，以免当前的最佳选址因城市改造而失去优势。

4. 确定细节

商圈是一个较为广阔的范围，而在这个范围之内，哪里才是主要聚客点呢？这就需要通过各项细节进行确定，包括地价、人口、街道等。最好可以制作一张餐饮店评估表，如表 2-3 所示。

表2-3 餐饮店评估表

分类	评估内容描述	选项
现场情况（非市场内店）	1. 商圈形态，即符合开店条件（以店为中心半径 500 米内）	A. 住宅小区（大型社区）和菜市场 B. 大型卖场、综合超市 C. 写字楼附近 D. 商业街附近、大学院校和外来人员集中区
	2. 主消费者年龄层	A.20 以下 B.20~40 C.41~50 D.51 以上
	3. 商圈发展潜力（未来一年）	A. 走下坡、不佳 B. 平稳一般 C. 有潜力 D. 潜力大
	4. 销售时段的行人流通量，门店前统计（单位：人／小时）	A.500 以下 B.501~1000 C.1001~2000 D.2001 以上
	5. 销售时段的捕获率	A.5% B.8% C.10% D.15%
	6. 门店所处地的消费水平（参照同类的比较）	A. 人均 10 元以下 B. 人均 11~20 元 C. 人均 21~30 元 D. 人均 31 元以上
	7. 固定消费群	A.500 人以下 B.501~1000 人 C.1001~2000 人 D.2001 人以上
	8. 门店的通路情况	A. 行人无限制 B. 分限制（单向畅通） C. 有限制（有栏杆或障碍物）
	9. 交通情况（公交线路）	A.2 条以下 B.2 条 C.3~5 条 D.6 条以上

续表

分类	评估内容描述	选项
现场情况（非市场内店）	10. 竞争情况（同类店铺）	A.1 家以上 B.1~3 家以下 C.4~5 家 D.6 家以上
	以上选项和该店铺须在同一条路上	
现场情况（市场内店）	1. 市场规模	A.1 千平方米以下 B.1~1.5 千平方米 C.1.5~2 千平方米 D.2 千平方米
	2. 市场经营状况（市场年销售额）	A.8 千万元以下 B.8 千万~1 亿元 C.1 亿~1.5 亿元 D.1.5 亿元以上
	3. 市场所处区域位置	A. 所处区域的中心位置 B. 所处区域人流容易集中地 C. 所处区域的边缘地带
	4. 门店在该市场内的位置	A. 主出入口的金角 B. 主出入口的银边 C. 行业集中区 D. 市场内附街
	5. 市场通路	A. 主出入口并有外路面 B. 主出入口无外路面 C. 不在主出入口有外路面 D. 不在出入口无路面
	6. 竞争情况（同类店铺）	A.1 家以下 B.3 家以下 C.3~5 家 D.5 家以上

2.2.5 租赁房屋，如何省事省心租下旺铺

"扫街"是很多餐饮人寻找铺位的常用手段。通过直接进入目标商圈，寻街觅巷搜集铺位转让的信息，餐饮人可以就此深入商圈，与周围商户交谈了解情况。这样一来，既能第一时间发现旺铺，也能进一步接触市场。

但如果缺乏经验，很多餐饮人也会被表象迷惑，高价接手生意冷清的店面。

比如某新小区门口的建材店生意火爆，店主正在转让店铺，引来了很多商户疯抢。最终，店铺被人高价盘下后做了餐饮，结果却是门可罗雀。原因何在？

因为是新小区，业主装修需求很大，也造成了建材店生意火爆的表象。建材店经营者之所以转让店铺，就是因为小区装修接近尾声。装修工人走了，业主还没有入住，整个小区人流较少。如此一来，自然没人照顾餐饮店的生意。

租赁商铺最怕一时脑热，没有做好调查分析，就盲目租下，结果投入的巨大成本全都打了水漂。

掌握一定的租赁技巧，对餐饮人而言十分必要。总结而言，省事省心租下旺铺的技巧主要有五点，如图 2-11 所示。

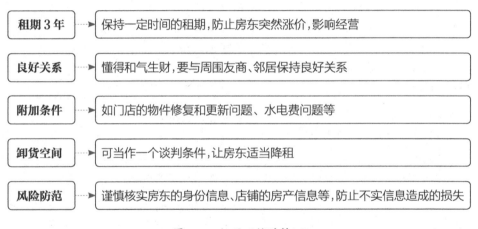

图2-11 租下旺铺的技巧

掌握上述五点技巧，不仅能够有效节约开店成本，还能够在租赁过程中防范风险，避免损失。

2.2.6 选址陷阱，这样的地址再好也不能要

在店铺选址中，有一些陷阱必须防范。如果店铺存在下面这些陷阱，即使地址再好也不能选择。

1. 产权问题

无论是从原房东还是二房东手中租赁商铺，都要明确产权相关问题，如产权归属、产权性质等。

很多从业者忽略了产权问题，结果押金、租金都付了，等到装修完毕、开张营业时，才发现这是违建房或是住宅房，根本不能经营餐饮生意。

具体而言，关于店铺产权问题主要有 3 点，如图 2-12 所示。

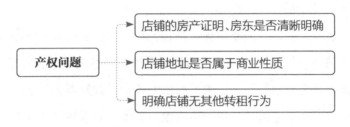

图2-12 产权问题3要点

2. 餐饮许可

餐饮店的开设需要符合卫生、消防、排污等各项标准。在决定租赁商铺之前，最好去当地街道开具相关证明，确认该地址是否具备开设餐饮店的条件。

污染和消防层面尤为重要。污染排放和垃圾处理是餐饮行业的经营核心，而餐饮店作为人群密集场所，更要符合消防安全的要求。因此，对这两点要格外关注，如图 2-13 和图 2-14 所示。

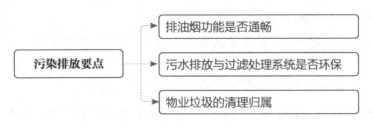

图2-13 污染排放要点

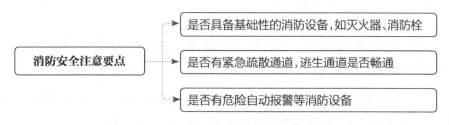

图2-14 消防安全注意要点

3. 历史遗留问题

在租下店铺之前，一定要明确店铺是否存在各种历史遗留问题，如是否存在水费、电费、燃气费欠缴或违法违纪记录等，并将之写入合同条款中："签订本合同前的各类问题与乙方无关，由甲方负责妥善处理。"

如果店铺存在上述问题，地址再好也不能要。如果你是餐饮新手，最好请专业公司予以协助，并将无法确认的问题写入合同当中，以免造成损失。

2.3 市场定位，想好你的顾客从哪儿来

随着各行各业的竞争越发激烈，差异化也成为企业制胜的关键。而所谓差异化，就是精准的自我定位：你的顾客从哪儿来？你做什么样的餐饮？谁是你的精准顾客？你的竞争力又在哪里？

只有明确上述问题，你才能从激烈的同质化竞争中挣脱出来。

2.3.1 品类定位，你的餐饮店属于哪个细分领域

做餐饮首先要明确的就是品类，即你的餐饮店属于哪个细分领域？

正如前文所说，餐饮店的类型五花八门，每个类型又能不断细分。如中餐中有火锅一类，而火锅又可以分为大锅、小锅、牛肉火锅、自助火锅等多种类型。即使是肯德基和麦当劳这类西式快餐代表，也有不同的品类定位，前者是炸鸡的代名词，后者的汉堡则更受称赞。

需要注意的是，餐饮店品类定位的关键并不是创造一个全新的品类。品类定位的关键在于占据消费者的心智，即给顾客完全不同的消费体验。

如星巴克之于咖啡、海底捞之于火锅，这些品牌的品类并不独特、产品也属正常。但星巴克的消费氛围、海底捞的服务体验都传递出了完整的品牌感，并由此占据了消费者的心智，甚至成为某种消费信仰。

在市场中，想要依靠产品形成品牌壁垒十分困难。无论怎样的菜式或口味，一旦流行，就会出现大量模仿者。因此，最有效的品类定位就是体验定位——以怎样的消费体验占据消费者的心理。

2.3.2 市场定位，谁是你的精准顾客

在餐饮业，顾客的口味是"朝三暮四"。面对不断变化的消费需求，如果你单纯抱以"开门做生意，笑迎八方客"的心态，就很难在细分市场找到精准顾客。

在新店筹备阶段，你必须想明白这个问题：谁是你的精准顾客？你要做哪类人的生意？

要想搞清楚这个问题，就要明确以下两点。

1. 明确自身定位

在考虑"你要做哪类人的生意"之前，先要自我剖析："你能做哪类人的生意？"只有在能力所及的范围之内，你才能将之作为备选定位。

比如有些餐饮人本身只能做普通大众阶层的生意，但他们却认为：服务高端顾客利润大，也不累，我们的目标就是高端顾客……即使投入再巨大，能否得到高端顾客的认可才是根本所在。

很多餐饮人以为市场定位与自身定位无关，但这其实直接影响到你获客的成本。定位相符可以轻松获客，定位相悖却需要投入大量成本装饰自己。

例如大理洱海旁边的酒吧，经营者只需放着自己喜欢的音乐，自然会有喜欢此类风格的青年入店，轻松惬意地与经营者聊聊相关的音乐、故事。但如果经营者对民谣一无所知，却强行在洱海开店，花大价钱设计出文艺风，放着所

谓的民谣，结果顾客一进门，经营者就点头哈腰地高呼"欢迎光临"……这完全不是一个味儿。

2. 确定市场定位

根据自身定位筛选出几个备选定位，比如高端顾客与高级白领，学生与游客等。接着，就要在这些答案中确定你的市场定位。

需要注意的是，市场定位并非单一的。因为顾客属性是复杂的：高端顾客与高级白领可能是同一人，学生和游客也同样如此。因此，在确定市场定位时，你可以选择一个主要定位，搭配一两个次要定位。

比如在社区附近的大学门口开一家面馆，那你的主要市场定位肯定是学生，其次则是社区居民，而这两者往往也会出现重叠。因此，你的餐饮店应该价格亲民且干净卫生，规模不大，但环境舒适。

越精确的市场定位越能帮你在后期运营中做到精准营销；越符合自身的市场定位越容易发挥出经营优势。相反，模糊不清的或与自身定位相悖的市场定位，则会让餐饮店的运营陷入混乱。

2.3.3 优势定位，你的差异化竞争力是什么

走在街道上，各色餐饮目不暇接，你的餐饮店又如何成为激烈竞争中的幸存者甚至佼佼者呢？这就要靠你的差异化竞争优势，也就是你比别人明显更具优势的地方。

提到海底捞，顾客最先想到服务；提到巴奴毛肚火锅，顾客最先想到的是毛肚。这就是二者的竞争优势，前者以服务制胜，后者则将产品打造为优势。

海底捞早已成为国内火锅市场的龙头品牌，而创立于2001年的巴奴火锅，则是郑州一家坚持"本色本味"的本土火锅品牌。直到2011年后，巴奴火锅重新定位自身优势——"服务不是巴奴的特色，毛肚和菌汤才是"。

自此之后，立足于毛肚和菌汤的巴奴火锅开始扭亏为盈。不久后，巴奴火锅再次改造主打产品——舍弃菌汤、聚焦毛肚，并在2013年正式更名为"巴奴毛肚火锅"。

在不断将毛肚产品做到极致的过程中，巴奴毛肚火锅最终成为能与海底捞相提并论的火锅品牌，而这正是得益于清晰的优势定位——产品优势。

所谓优势定位，正如巴奴毛肚火锅，确立餐饮店的独到之处，并不断做到极致，让对手难以超越。通常来说，优势定位主要从五个方面着手。

1. 速度优势

"一着错，满盘皆输；一步快，处处领先。"在你还无法确定自己的定位优势时，不妨先建立速度优势：当别人还在店铺选址时，你已经着手装修；当别人还在装修时，你已经正式营业；当别人正式营业时，你已经拥有了顾客优势和资金回笼优势。此时，你也可以进一步放大先期确立的优势。

2. 品牌优势

差异化竞争中最难确立也最有效的优势定位就是品牌优势。就如其他咖啡品牌之于星巴克，其他碳酸饮料之于可口可乐，其他家常菜之于外婆家一样，前者都只能归入其他，后者却是具有代表性的品牌。

品牌也是企业竞争中最重要的优势。你所确立的一切优势定位都应当融入所构建的餐饮品牌中。持续丰富并深化品牌内涵，才能最终形成品牌优势。

3. 模式优势

模式的力量很神奇，因为它能够自我裂变，不断扩张品牌影响力，让更多的消费者聚集到你的餐饮店中。

在火锅餐饮领域，近年来的一个新起之秀就是重庆火锅。一时之间，全国各地都开起了以九宫格老火锅为特色的"老灶火锅"，但最出名的无疑是宽板凳老灶火锅。然而，由于商标注册问题，"宽板凳老灶火锅"不得不更名为"井格老灶火锅"，过去奠定的品牌优势也随之锐减。

但不过两三年间，井格火锅再次成为九宫格老火锅的代表品牌。其成功的关键就在于模式优势：高效的运营模式，有效的管控方式。该模式优势让井格火锅得以始终保持强大的生命力，不断加速扩张，即使品牌优势崩塌也能迅速重建。

4. 产品优势

说一千道一万，餐饮店的优势仍然要体现在菜品上。在当下，任何得到市场认可的产品，都可能被迅速复制。但只要你是产品优势的开拓者，就能将产品优势融入品牌和模式当中。这样会放大你的产品优势，让消费者认准你的品牌。

凭借产品优势成功的代表，无疑是以毛肚走向成功的巴奴毛肚火锅。同样在火锅业，逐渐火热起来的潮汕牛肉火锅，却一直缺乏具有代表性的品牌。其原因就在于，在潮汕以外的地区，很难有品牌能将潮汕牛肉火锅做到极致。

5. 创始人优势

绝大多数餐饮都是由小到大发展起来的。而在品牌创立初期，大家都是白手起家的餐饮人，经验、资本、技术都大同小异，那最大的差异在哪里呢？在于创始人。

如果创始人足够热爱餐饮业，足够投入，足够用心，能够坚持不懈地将餐饮店做到极致，那么，餐饮店的竞争优势也将不断显现，如速度、产品、模式等，而这些优势最终也会融入品牌当中。

相反，如果创始人只是认为餐饮店好赚钱，只想着加盟品牌、请两个服务员就等着收钱，那么即使加盟品牌赋予再多优势，也难以长久。最终不仅挣不到钱，还可能坏了品牌。

2.3.4 场景定位，什么场景最具竞争力

洞悉消费者需求，是所有商业模式的核心。但在传统的商业竞争中，企业对目标顾客群的理解仍然不够准确，只能通过各种指标抽象出一个模糊的、虚幻的影像，比如20多岁、中等收入的职场女性，但这并不足以帮助企业真正识别并刺激消费者需求。

因此，场景的概念由此诞生，并成为重要的商业竞争理念。所谓场景，其实就是某种具体的消费场景。通过分析该场景中消费者的心理状态和需求，企业就能明确自身的场景定位，从而帮助消费者唤醒这种心理状态和需求。

在写字楼集聚的区域存在各种快餐店，以满足白领们快速用餐的需求。除去这些快餐店，也有一些看似生意冷清的咖啡馆，它们空间大、灯光暗，似乎随时都可能倒闭。

其实，这类咖啡馆的存在正是基于明确的场景定位。你可以想象这样一种场景：同行好友到你公司约你闲谈，但可能会谈到一些关于行业、公司及个人的私密话题。此时，你是否需要一家清静的咖啡馆？它不像快餐店那样人流密集，也不像星巴克那样容易巧遇同事，你们就坐在灯光昏暗的角落里，喝着咖啡，相互低语——无所谓价格，也无所谓服务。

有一句商场名言"能解决一个社会问题，就能创造一个伟大的商业模式"。在不同的场景下，人们总会暴露出不同的需求点，并由此产生不同的消费逻辑。因此，餐饮店的经营同样要确定自己的场景定位——什么场景你最具竞争力？

要明确餐饮店的场景定位，就要充分考虑以下几个问题。

（1）在顾客的饮食生活中，你的餐饮店会出现在什么时间？工作日还是周末？早餐、午餐或晚餐？

（2）在顾客的饮食生活中，你的餐饮店会出现在什么位置？职场、家庭还是旅途中？

（3）在顾客的饮食生活中，他们在你的餐饮店的消费频率如何？是常态，还是偶尔，或是极少？

（4）在顾客的饮食生活中，他们在你的餐饮店的消费难度如何？是唾手可得，还是需要排队，或是久等无座？

将这些问题的答案组合在一起，就能轻松找到你的场景定位。比如定位是顾客工作日、职场、早餐和午餐、常态、唾手可得的餐饮店，那无疑就是快餐店或便利店。在这样的场景里，消费者的需求就是简单快捷：结账快速，加热快速，进餐快速。因此，你的餐饮店经营模式应尽可能地满足场景所对应的需求，从而奠定你在该场景下的竞争力。

2.3.5 对手定位，如何做到"人无我有，人有我优"

餐饮店的市场经营离不开竞争——如果你惊喜地发现一个完全没有竞争对手的领域，别急着窃喜，过去可能已经有无数餐饮人在这里折戟。

因此，无论进入怎样的餐饮领域，你都要迅速找到你的竞争对手，并想方设法让自己变得更强大，来超越竞争对手。

只有在与竞争对手的对比中，你才能找到你的差异化定位，进而做到"人无我有，人有我优"。

具体而言，你该如何做到呢？

1. "人无我有"——差异化

所谓"人无我有"，就是通过差异化竞争避开与竞争对手的直接抗争，根据市场环境另辟蹊径。

比如蔬菜沙拉，在美国是一种十分成熟的餐品，一份简单的蔬菜沙拉价格却并不便宜，一般为8~15美元。但在国内，蔬菜沙拉却一直难以形成规模性的市场——人们很难想象花费40元"吃草"的消费场景。

近年来，健身房的普及及"健身一族"的存在，却催生了这样一种消费场景。最关键的是，健身房附近的快餐店基本都是麦当劳、肯德基这样的碳水化合物聚集地。此时，沙拉店则能够瞄准竞争对手和市场环境，为"健身一族"提供"人无我有"的健身餐。

因此，在决定自身市场定位时，必须先摸清竞争对手的缺点、对症下药。

2. "人有我优"——优异化

在餐饮业的红海竞争中，想要找到"人无我有"的蓝海并非易事。但从对手的平庸处着手，自己做到优异，并将优异作为差异，则是一种可行的竞争方式。

比如同麦当劳一样以汉堡为特色的汉堡王——它进入中国的时间远远晚于麦当劳，但它仍然将麦当劳作为直接竞争对手，并制定相应的竞争策略。

从宣传来看，汉堡王针对麦当劳的"我就喜欢"提出"真不一样"，宣扬差异化；从产品来看，针对麦当劳油炸食物的不健康形象，汉堡王则主打

"火烤"理念，以证明汉堡王的健康。

巴奴毛肚火锅同样如此，既然在服务上无法正面迎战海底捞，那就从产品上着手。

找到精准顾客，确定竞争对手，通过对竞争对手的深入剖析，找到他们的缺陷、优势和平庸之处，这样才能够做到有的放矢，真正实现"人无我有，人有我优"。

2.4 证照办理，关键证照一个都不能少

2.4.1 先照后证，餐饮店必备"两证"如何办理

餐饮店必须具有"两证"才能正式营业，"两证"是指营业执照和《食品经营许可证》。

1. 营业执照的办理

相较于过去，"工商营业执照""组织机构代码证""税务登记证"的三证合一，使营业执照的办理手续已经大幅简化。营业执照办理手续过程如图2-15所示。

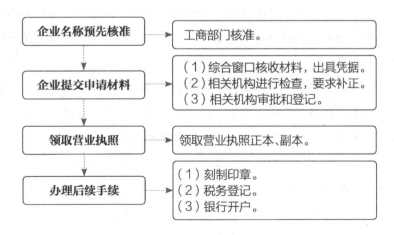

图2-15 营业执照办理手续

办理营业执照前，你应当做好自查工作：企业名称是否符合相关规定，注册材料是否齐全。以免出现企业名称核准时被退回或相关机构要求补交材料的情况。

一般而言，办理营业执照需要用到的材料包括：企业名称核准通知书、公司章程、注册地址证明等。

如果一切顺利，在工商部门综合登记窗口提交材料后5个工作日内，就能拿到营业执照正本和副本。之后可凭营业执照办理后续手续，具体流程如下：

首先，去公安局指定地点刻制印章，包括公章、财务章、合同章、法人代表章以及发票章。

其次，在拿到营业执照后30日内，到当地税务机关办理税务登记，所需材料包括：营业执照原件及加盖公章的复印件、企业公章、经办人身份证复印件、法人身份证复印件、发票领购簿、法人章及财务章。

最后，去银行办理开户手续，所需材料包括：营业执照正副本、法人身份证和经办人身份证，以及企业公章、法人章和财务章。

至此，你的餐饮店营业执照相关手续全部完成。

2.《食品经营许可证》的办理

《食品经营许可管理办法》规定，申请食品经营许可，应符合下列条件：

（一）具有与经营的食品品种、数量相适应的食品原料处理和食品加工、销售、储存等场所，保持该场所环境整洁，并与有毒、有害场所及其他污染源保持规定的距离；

（二）具有与经营的食品品种、数量相适应的经营设备或者设施，有相应的消毒、更衣、盥洗、采光、照明、通风、防腐、防尘、防蝇、防鼠、防虫、洗涤以及处理废水、存放垃圾和废弃物的设备或者设施；

（三）有专职或者兼职的食品安全管理人员和保证食品安全的规章制度；

（四）具有合理的设备布局和工艺流程，防止待加工食品与直接入口食品、原料与成品交叉污染，避免食品接触有毒物、不洁物；

（五）法律、法规规定的其他条件。

如果符合相应条件，就可以申请办理《食品经营许可证》。需要特别注意的是，在申请《食品经营许可证》之前，要先申请现场验收检查，检查餐饮店现场是否符合要求，申请材料如表2-4所示。

表2-4 现场验收申请材料

| 序号 | 材料名称 | 份数（份/套） | | 纸质版/电子版 | 来源渠道 |
		原件	复印件		
1	食品经营许可现场验收申请书	1	0	纸质	申请人
2	营业执照，机关事业单位、社会团体、民办非企业单位法人登记证	1	1	纸质	行政机关（例如深圳市市场和质量监管委、深圳市民政局）
3	法定代表人或负责人以及经办人的身份证明	1	1	纸质	行政机关（公安部门）
4	餐饮服务经营者和单位食堂须提交"食品加工场所流程布局设备设施图纸"	1	0	纸质	申请人

现场验收通过之后，就可以再次提交材料，申请办理《食品经营许可证》，申请材料如表2-5所示。

表2-5 《食品经营许可证》申请材料

| 序号 | 材料名称 | 份数（份/套） | | 纸质版/电子版 | 来源渠道 |
		原件	复印件		
1	食品经营许可申请书	1	0	纸质	申请人
2	营业执照，机关事业单位、社会团体、民办非企业单位法人登记证	1	1	纸质	行政机关（例如深圳市市场和质量监管委、深圳市民政局）
3	法定代表人或负责人以及经办人的身份证明	1	1	纸质	行政机关（公安部门）
4	食品安全管理员身份证明、食品安全管理员培训考核合格证	1	1	纸质	行政机关（公安部门、食品药品监管部门）

续表

序号	材料名称	份数（份／套）		纸质版／电子版	来源渠道
		原件	复印件		
5	微小餐饮单位、适用申请人承诺制的大型连锁单位须提交申请食品经营许可承诺书	1	0	纸质	申请人
6	需要进行现场核查的，须提交《现场验收核查意见》	1	0	纸质	行政机关（食品药品监管部门）
7	利用自动售货设备从事食品销售的，申请人还应当提交自动售货设备的产品合格证明、具体放置地点，经营者名称、住所、联系方式、《食品经营许可证》的公示方法等材料	1	0	纸质	申请人
8	申请销售散装熟食制品、散装酒的，应当提交与挂钩生产单位的合作协议（合同），提交生产单位的"食品生产许可证"复印件	1	1	纸质	申请人
9	在餐饮服务中提供自酿酒的经营者应当提交具有资质的食品安全第三方机构出具的对成品安全性的检验合格报告	1	0	纸质	企事业单位（食品检验机构）

办理"《食品经营许可证》"的具体流程如图 2-16 所示。

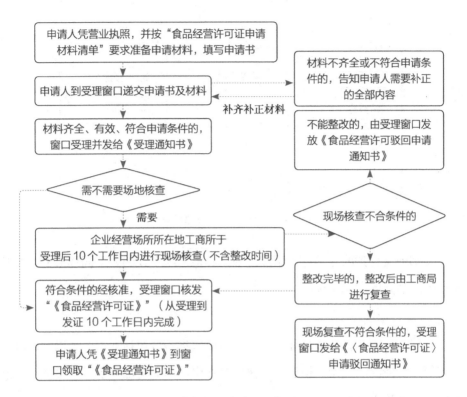

图2-16 《食品经营许可证》办理流程

办理《食品经营许可证》的相关材料较为复杂，尤其是在最开始的验收环节。如果店面不符合要求，就需要整改。因此，一定要将各项材料准备妥当。当然，如果实在觉得繁琐，又怕出现纰漏，也可以找专业的代理公司协助准备材料、应对验收、完成申请流程。

2.4.2 证照齐全，餐饮店必办的13项手续

餐饮业与人们的健康直接相关，且涉及排污、消防、噪声等因素。因此，餐饮店需要办理的手续也较为繁杂，总结而言，餐饮店必办手续总计13项，如图2-17所示。

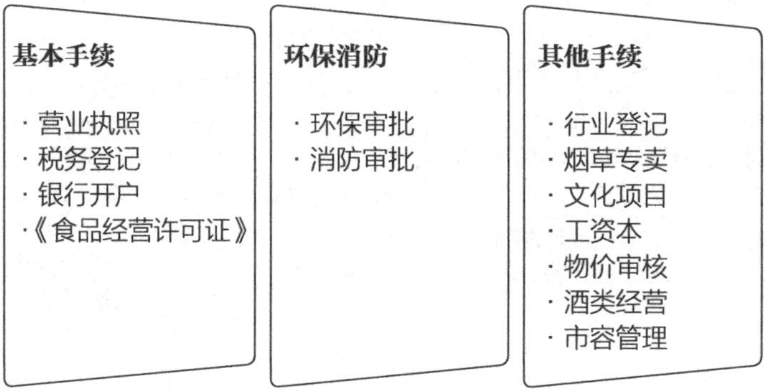

图2-17 餐饮店必办的13项手续

除却前文提到的4项基本手续之外，其他9项手续的办理同样重要，尤其是环保、消防的审批手续。

1. 环保审批

环保审批由所在地区环保局办理，主要审批项目包括噪声污染以及污水、油烟等排污情况。检验合格后，环保局会在申请开业登记注册书中签署"同意开业"，并加盖公章。

2. 消防审批

消防审批由所在地区公安局消防科办理，主要遵循《防火安全重点行业审批表》，由消防科派防火检验员检查验收。

3. 其他手续

其他7项手续的办理如下：

（1）行业管理登记在当地饮食行业管理办公室进行；

（2）烟草专卖证需在当地烟草专卖局办理；

（3）文化项目经营许可证，则由当地文化局审核批准；

（4）工资本是提取工资现金的依据，需在当地劳动行政管理部门办理；

（5）物价审核包括价签、菜单、烟草、软饮等内容，均需报物价局备案；

（6）酒类经营许可证，需到工商管理部门办理；

（7）市容管理审批则由市容管理部门负责，需签订"门前三包"责任书，此外，户外设施增设也须报市容部门、规划部门审核批准。

上述各项手续在不同地区的规定也不尽相同，必须详细了解清楚，以免因漏办手续遭受行政处罚。

2.4.3 商标保护，餐饮店如何注册商标

虽然餐饮店的手续办理较为繁杂，但餐饮行业门槛低、见效快的特点，使得很多企业与个人纷纷进军餐饮业。

在如此激烈的市场竞争中，商标注册则是保护自身市场地位的有效手段。如"宽板凳老灶火锅"被迫更名为"井格老灶火锅"，正是因为前期未重视商标注册而导致。

那么，餐饮店该如何注册商标呢？

1. 确定商标类别

在《商标注册用商品和服务国际分类》中，餐饮主要涉及以下种类。

第四十三类，提供食物和饮料服务，临时住宿。如旅馆，咖啡馆，自助餐厅，饭店等。

第二十九类，肉类及蔬菜制品。如油炸丸子，肉冻，板鸭，泡菜，酸菜等。

第三十类，面类及谷类制品。如饺子，包子，馅饼，米粉，汉堡包等。

除此之外，根据经营需要，你可能还要注册的商标有以下一类。

第三十五类，广告，实业经营，实业管理，办公事务。

很多餐饮店在经营初期忽视了该品类商标的注册，等到要发展连锁、加盟店时，却发现该品类商标已被别人抢注，这意味着该餐饮店只能做直营店了。

商标品类繁多，选择注册类别时，要充分考虑餐饮店现在所涉及的以及发

展战略布局中可能涉及的类别，充分保护好自己的商标权益，以免遭受恶意抢注带来的损失。

2. 注册商标流程

我国对商标的保护措施严密，因此，在注册商标时，要遵循相应的申请、审批流程，如图 2-18 所示。

一般商标注册要经过申请、审查、公示等流程，这些流程全部完成的时间大概在一年半，且手续较为繁琐，建议委托代理公司协助办理。

需要注意的是，商标注册的有效期为 10 年，在期满前 12 个月，可以申请续展注册，如在期满后 6 个月仍未提出申请，则所注册商标会被注销。

2.4.4 证照变更，餐饮店证照如何变更与注销

在餐饮店的实际经营中，可能出现证照的变更与注销需求，比如变更经营地址或经营范围，撤店时也需办理注销手续。

具体该如何操作呢？

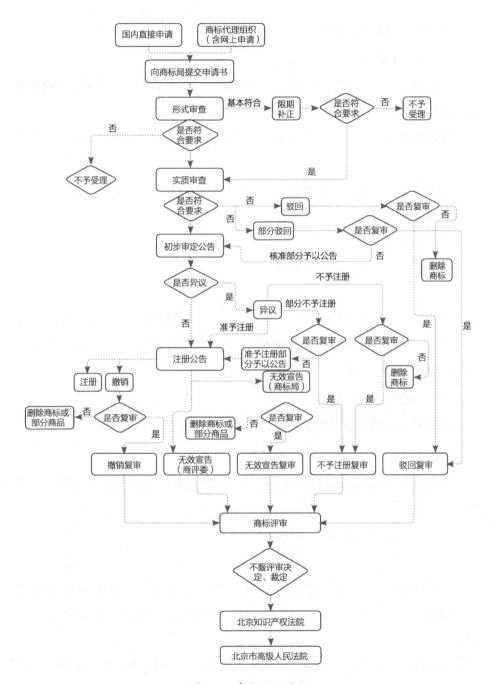

图2-18 商标注册流程

1. 营业执照变更与注销

（1）营业执照变更

当企业登记事项发生变化时，必须办理相应的变更手续，以免在企业年检时出现实际经营与登记事项不符的情况。

营业执照的变更一般需要提交5项材料，其中4项基本材料如下：

由企业正、副董事长签署的《变更登记申请书》（一式两份）；

企业董事会决议；

营业执照正、副本；

登记机关要求提交的其他材料。

除上述4项材料之外，最后1项则是与变更事项相关的材料。比如变更经营地址时，需提交新的经营地址的使用证明；变更经营范围时，需提交变更中涉及国家法律、法规需进行专项审批的批准文件。

（2）营业执照注销

办理营业执照注销的手续较为复杂，建议咨询专业代办机构。

2.《食品经营许可证》变更与注销

根据《食品经营许可管理办法》，《食品经营许可证》的变更与注销流程如下。

（1）《食品经营许可证》变更

《食品经营许可证》载明的许可事项发生变化的，食品经营者应当在变化后10个工作日内向原发证的食品药品监督管理部门申请变更经营许可。

经营场所发生变化的，应当重新申请食品经营许可。外设仓库地址发生变化的，食品经营者应当在变化后10个工作日内向原发证的食品药品监督管理部门报告。

申请变更食品经营许可的，应当提交下列申请材料：

《食品经营许可证》变更申请书；

《食品经营许可证》正本、副本；

与变更食品经营许可事项有关的其他材料。

原发证的食品药品监督管理部门决定准予变更的，应当向申请人颁发新的《食品经营许可证》。《食品经营许可证》编号不变，发证日期为食品药品监督管理部门做出变更许可决定的日期，有效期与原证书一致。

（2）《食品经营许可证》注销

食品经营者终止食品经营，食品经营许可被撤回、撤销或者《食品经营许可证》被吊销的，应当在 30 个工作日内向原发证的食品药品监督管理部门申请办理注销手续。

食品经营者申请注销《食品经营许可证》的，应当向原发证的食品药品监督管理部门提交下列材料：

《食品经营许可证》注销申请书；

《食品经营许可证》正本、副本；

与注销《食品经营许可证》有关的其他材料。

2.5 资金筹备，准备好充足的"弹药"

餐饮店的经营前期需投入大量资金，运营过程中同样可能面临各种资金需求。因此，在新店筹备阶段，你就要做好资金筹备，准备好充足的"弹药"。

2.5.1 自筹资金，如何快速自筹资金

自筹资金是餐饮店筹备资金的主要方式，主要来源于平时的积累及家庭财产。

对于自有时间比较充裕的人来说，自筹资金无疑是最好的筹资方式，能够节省许多资金成本，也可以完全控制餐饮店的经营并独享利润。

然而，很多餐饮人既想独立经营，又面临自有资金匮乏的局面，这就需要通过各种融资渠道筹集资金。

那么，如何快速自筹资金呢？

1. 社会融资

如果你拥有一定的社会资源，如亲戚、朋友等，那你可以直接通过借款的方式筹集资金。这种筹资方式最为快捷、便利，完全以个人信用作为保证，无需复杂的手续，即可快速拿到资金。

但这种筹资方式的最大风险就在于一旦违约，损害的不仅是个人信用，也包括社会关系。与此同时，借款者也可能因为债务关系干涉你的日常经营，或因为个人原因要求提前还款。

为了规避这些风险，即使是关系亲密的人，也应当与其签订正式的借贷协议，将借款看作商业行为，并以合同协议的形式规范借款和还款细则。"亲兄弟，明算账"，合规的借款协议其实是保护了借贷双方的利益。

2. 银行贷款

通过银行渠道可以找到各种融资产品，如经营贷、POS 贷等。但如果你是第一次餐饮创业，则很难符合相关条件，如经营年限、POS 流水等。此时，你可以以个人信用申请消费贷，或凭借房产等资产申请抵押贷。

银行贷款虽然贷款期限长、利率低，但需要较为复杂的手续，而且需要你具有相当的资质。如消费贷需要优质的个人信用作为支持，抵押贷则需要相应的资产。

3. 互联网融资

此外，你还可以通过互联网金融渠道获取融资，如支付宝的借呗、P2P（Peer to Peer lending，互联网金融点对点借贷平台）贷款等。

互联网融资的优点在于效率高、门槛低，即使你是"征信白户"（征信记录为空白），也可以通过互联网快速获取一定的融资。

但与之相对的则是高利息。即使是所谓的低息贷款，借呗的日息也高达万分之五（年化利率18.25%）。你要充分考虑互联网融资的资金成本，以免后期债务压力过大。

特别需要注意的是，如果融资平台不正规，你甚至可能掉入融资陷阱，被收取"砍头息"或陷入"套路贷"。因此，在通过互联网融资筹集资金时，一定要选择大型、正规的融资平台。

2.5.2 合伙筹资，事先约定好权责

在自筹资金无法满足经营需要时，你还可以考虑合伙筹资的方式，以股权换取资金。

合伙经营，可能面临各种困难，尤其是当合伙双方在经营志趣、管理方式或个人性格等方面存在差异时。很多餐饮人也因此特别排斥合伙经营。然而，合伙经营确实是筹集资金、分担风险的有效方式。在理想状态下，合伙人之间的优势互补也能进一步增加创业成功率。

除了合伙经营之外，也有单纯以筹资为目的的合伙方式。但因为股权问题，合伙人同样有权干涉餐饮店的经营或突然要求撤资，如此也会造成经营风险。

因此，无论是完全的合伙经营，还是以筹资为目的的合伙模式，都要与合伙人达成共识，并事先约定好权责。

1. 达成共识

在餐饮店经营理念、发展战略方面，首先要与合伙人达成共识，以免合伙人成为餐饮店经营的掣肘。

如果无法达成共识，那么无论对方拥有多少资金，都没有合伙的必要。

2. 约定权责

合伙筹资就是以股权换取资金，而合伙人的股权究竟有多大，又该承担多少责任，这些都需要做出明确约定，约定权责的内容包括但不限于如图 2-19 所示的内容。

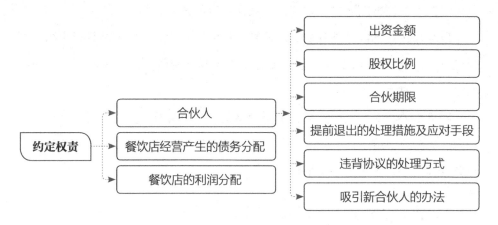

图2-19 约定权责的内容

约定好合伙权责，能够在很大程度上规避合伙风险。但合伙经营的关键仍在于合伙人之间的良好沟通，只有在合伙经营的有效共识下，以真诚、互信的态度解决经营中的各种问题，才能真正发挥合伙经营的优势。

2.5.3 餐饮投资，约定好投资回报

在"大众创业，万众创新"的当下，筹集资金并非难事。只要项目足够优秀，就能得到投资者的青睐。

在时下的互联网金融市场，如众筹投资等方式都能够帮助餐饮人吸引项目投资。但无论是哪种餐饮投资方式，关键都在于餐饮项目的收益率。只有你的餐饮项目足够吸引人，你才有机会得到投资者的青睐，从而以较低的成本筹集到所需资金。

为此，你必须与投资者约定好投资回报，在赢得投资者认可的同时，尽可能降低自己的资金成本，其核心内容如下。

1. 投资金额及投资方式

投资者投资多少钱？如何投资？这些问题都需要在投资合同上予以明确。比如，投资金额 10 万元是一次性转账给甲方，还是分期转账给甲方等。

2. 投资回报

对投资者而言，投资回报是他们的收益；而对经营者而言，投资回报则是成本。因此，你一定认真考虑投资回报的各项细节，如图 2-20 所示。

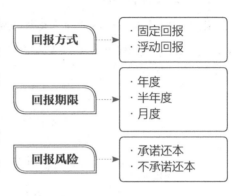

从投资者的角度来看，他们更倾向于承诺还本的固定回报方式。这种投资回报更加稳定，也更加安全。

但对经营者来说，餐饮店经营并

图2-20 投资回报的各项细节

非零风险，各种原因都可能导致收益不达预期甚至项目失败。

因此，在投资回报的约定中，最好谨慎承诺，可以采用"固定 + 浮动"的回报方式。比如约定固定回报率 5%，加上浮动回报（年度利润的 10% 用于分红）。

与此同时，回报期限经常被经营者忽略，而这其实直接影响到投资资金的使用效率。因此，在考虑到投资者要求的情况下，回报期限当然是越长越好，如年度回报，甚至是"前两年较低回报，第三年双倍回报"这样的回报方式。

2.5.4 创业融资，如何写好创业融资计划书

投资市场的日趋火爆，为创业者提供了较好的融资手段。

大多数情况下，创业融资同样需要付出一定比例的股权。因为投资者的目的只是单纯的财务投资，也就是看中餐饮店的发展前景，希望通过股权增值获取收益。

因此，资本更喜欢可以快速复制的餐饮品牌，倾向于增值机会更多的创新

项目。为了展现自身优势，吸引创业融资，你必须拥有一份足够诱人的创业融资计划书。

如何写好一份创业融资计划书呢？

1. 明确投资者的需求

创业融资计划书有可能让你得到投资者的青睐，所以你必须明确投资者的需求。一般而言，有可能受资本青睐的餐饮项目都具备如图 2-21 所示的四个要素。

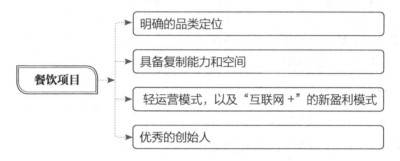

图2-21 受资本青睐的餐饮项目具备的要素

其中的关键在于第二点和第三点。

所谓复制能力和空间，其实就是标准化、规模化和连锁化运营的可能，这就需要一套成熟的商业模式作为基础。只要第一家店获得成功，就能快速复制扩张，从而创造巨大的现金流。

所谓轻运营和新盈利模式，也是为了模式复制服务。如果运营模式很"重"，复制难度就会加大；如果盈利模式不新，就很难创造现金流。

2. 写好创业融资计划书

在明确投资者的需求后，你就可以开始撰写创业融资计划书了。计划书的主要内容如图 2-22 所示。

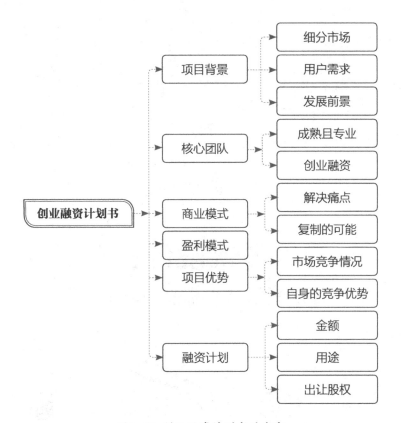

图2-22 创业融资计划书的内容

　　获取创业融资的难度较大，一旦成功，筹集到的资金量也相当可观。因此，如果你的餐饮店足够优秀，你应当尽力争取。同时可以寻找专业机构帮你撰写创业融资计划书，并与投资者建立联系，从而增加融资成功的可能。

第三章

餐饮设计:
爆品餐饮从来都是"颜值控"

3.1 店面设计，颜值高的餐饮店食客最喜欢

3.1.1 门脸设计，让人一眼就记住

门脸是餐饮店的脸面，是展现餐饮店"颜值"的关键。一个好的门脸能够迅速吸引顾客的目光，将人流转变为客流。

设计一个好的门脸，关键在于以下三个方面。

1. 设计原则

①招牌的文字内容必须与餐饮店经营的产品相符。

②内容精简，且有立意，这样更易于顾客辨认和记忆。

③美术设计要符合目标顾客群的审美情趣，一般而言，最好是符合大众审美的设计，避免过于花哨。

2. 门脸内容

具体而言，门脸内容主要包括文字、图案、布局等细节，如图 3-1 所示。

图3-1 门脸内容设计要点

3. 招牌位置

通常，餐饮店的招牌都是横匾式样，位于餐饮店大门的正上方，与大门有机地结合为一体。其造型一般为横长方形，也有其他异形如多面体、弧形等。

在确定招牌的位置时，一定要考虑周边环境。如果招牌正对着一棵大树或一座天桥，那么门脸设计再出众也无济于事。

因此，为了吸引各个方向、不同距离顾客的注意，如果条件允许，也可以设置高中低 3 个位置的招牌，组合成餐厅门脸。

比如"江西民间瓦罐煨汤"作为一家连锁店，就有统一的门脸设计，除了店门上的匾额之外，还有从高处挂落的红色灯笼以及地面上的大型瓦罐，它们共同组成了店铺门脸，极大地提升了餐饮店的辨识度。

3.1.2 店名设计，如何设计好记又上口的店名

店名是餐饮店区别于其他店铺的首要因素，也是品牌传播的重要载体。

店名的好坏直接影响顾客的就餐选择。很多餐饮人在设计店名时十分纠结，其实设计出好记又上口的店名也有技巧。

1. 店名设计原则

一个好的餐饮店店名必然符合某些特定原则。

（1）简洁

越是简洁的店名越容易记住，如"老北京""小肥羊"等。因此，店名的长度最好不要超过 5 个字。

（2）有内涵

店名如果具有某种内涵、寓意或好兆头，就更能被顾客记住，比如"海底捞""永和豆浆"等。但切忌将怪异、低俗当作内涵。

（3）相符

店名应与餐饮店的规模和风味相符。如果只是一家餐饮小店，却名为"大酒楼"，就很容易引起顾客的反感。

2. 店名设计方法

如果实在想不出合适的店名，在设计店名时也有几个简单的方法可供选择。

（1）以姓氏命名

"王氏龙虾""张三鱼头"这样的店名不仅简洁好记，而且以"姓氏＋菜品"的命名方式，也能在"自报家门"的同时直接展现餐饮店的特色。

（2）以地址命名

也可以直接以地址命名，比如"张家巷火锅""天河路9号"，让顾客根据店名就能找到地址。

（3）以主营餐品命名

如果你的餐饮店有主营餐品，则可以以此为名，比如"老北京炸酱面"等。

3. 店名设计的误区

店名设计其实并非难事，但在起店名时也要避免陷入以下误区。

（1）生僻字

如果店名中有生僻字，则会影响人们对店名的记忆，甚至让顾客因为"不识字"而无法记住。

（2）法规禁忌

工商部门会对店名进行审核，如果店名犯了法规禁忌，则可能面临相关处罚。因此，除了避免低俗的店名之外，还要注意避免影响不好的店名。

3.1.3 灯箱设计，让食客在晚上一眼找到你

门脸设计要综合考虑日间和夜间效果。在漆黑的夜晚，要想让食客一眼就看到你的店，那就离不开灯光的帮助。

因此，在设计门脸时，灯箱设计也不可忽视。根据材质的不同，每种灯箱的效果也不尽相同，你要找到最符合自己餐饮店特色的那款。

通常，灯箱的材质主要有5种，其效果对比如表3-1所示。

表3-1 不同材质灯箱的优缺点对比

灯箱类型	材质	优点	缺点
透光材料灯箱	灯箱布、透光板、金属框架、日光灯	造价低、制作简便、易维护	易褪色、缺乏变化、较为死板
字形灯箱	有机玻璃面板、以字形为灯箱外观、红/橙色为主	较为美观、传播远、夜间效果更佳、两面透光	内容受限、多竖立在高处
霓虹灯	霓虹灯管	可通过控制板控制、夜间效果最佳	制作费用高、灯管寿命短、日间不明显
串灯	串灯	可烘托夜间气氛、设置灵活、价格便宜	寿命短、适用于门前和夜市
灯笼	灯笼	营造喜庆、热烈的气氛	需要经常清理、维护和更换

由于每家餐饮店的装潢风格不同，店面规模也不同，店主需根据各自的效果做出取舍。如果餐饮店规模较大，也可以选择多种灯箱的组合布置。

3.1.4 颜色搭配，色系搭配要醒目温暖

营销界有一个著名的"7秒钟定律"：在短短的7秒内，顾客就可以做出消费决定；而在这7秒的时间内，颜色发挥的作用高达67%。

颜色的选择相对复杂，无论是门脸还是店内设计，都涉及多种颜色的组合。合理的色系搭配能勾起顾客的兴趣和食欲。

研究表明，在众多颜色中，红黄色能够勾起食欲，蓝色则会起到抑制食欲的作用。因此，如麦当劳、肯德基等餐饮店都以红色作为主色调，既醒目又温暖，更能勾起顾客的食欲。

在店面颜色搭配中，首先要确定主色调即店面的基本颜色；再辅以各种清新淡雅的颜色，避免喧宾夺主。

3.2 餐厅设计，餐饮店装修是一门艺术

3.2.1 空间设计，餐位如何布置才高效而舒适

餐饮店的收益来自顾客，而如何在有限的空间内为更多的顾客提供更好的服务，则依赖于你的空间设计。

店面内部空间一般分为三部分，如图 3-2 所示。

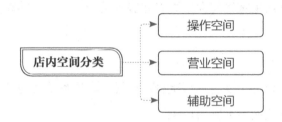

图3-2 店内空间分类

其中最重要的就是营业空间，即餐位、通道、吧台等；操作空间主要包括厨房、凉菜间、面点间等；辅助空间则指办公室、财务室、库房、卫生间等。

在整个空间设计中，最让餐饮人头疼的就是餐位布置。若餐位布置得好，可以极大提升餐饮店的魅力。

1. 餐位材质

餐饮店的装修档次越高，餐位材质也就越精致。一般来说，普通餐饮店的餐位大多采用木质方桌，快餐店则使用硬塑料餐位。

2. 餐位规格

餐位规格应与餐饮店的整体装修风格相符，包括座椅的高度、斜度以及餐桌高度的相互搭配。

比如餐桌高度若为 75 厘米，则座椅椅面高度应为 45 厘米，椅背高度应为 85 厘米，座椅深度应为 40 厘米。此时，餐椅与餐桌间最好留有 60~70 厘米的空间；如果座椅有扶手，则该空间需保持在 70 厘米以上。此外，椅背的倾斜

度最好为 15 度左右。

3. 餐位布置

餐位布置的基本原则是，在保证餐饮店正常运营的前提下，使店内空间得到最大利用。

那么，餐饮店正常运营的标准是什么呢？

（1）通行方便

餐位之间的通道宽度应保证顾客和服务员通行方便，并确保在紧急情况下便于疏散。

（2）餐位数量

餐位数量应根据餐饮店的档次合理设置，高档餐饮店的餐位应更加宽松，切忌盲目增设餐位而损害店面形象。

（3）包间数量

包间占据的店面空间较大，要根据目标顾客的消费情况进行设置，避免包间使用率过低造成空间浪费。

3.2.2 氛围设计，如何让米粉吃出高大上的感觉

从门脸设计到店内空间都应为顾客营造一种独特的就餐氛围。既要勾起顾客的食欲，又要给顾客以舒适的体验。

氛围设计源自店面的每个细节，如陈设、灯光、温度、湿度、气味等。通过各个细节的组合作用，能够给顾客与众不同的就餐体验，并塑造出餐饮店主题。

很多餐饮人错将氛围看作高档餐厅的专属，但即使是一家米粉店，经过充分的环境设计，也能够吃出高档的感觉。

具体应该如何操作呢？

假设一家米粉店的营业空间为 50~100 平方米，餐桌在 10~40 张左右，人均消费 20~40 元。这样一家米粉店的目标顾客当然是中等收入人群，因此，餐厅的装修也无需过于奢华。但在这样一家米粉店里，如何打造出风格明快、环

境舒适的装修风格，把米粉吃出高档的感觉呢？

1. 店面装修

店面整体装修要大方且便于打扫。针对这一目标，可以：

采用防滑地板砖拼贴地面；

使用纸面防火石膏板吊顶；

边缘部分二级吊顶即可；

大厅照明以吸顶灯为主，可以搭配一些吊灯。

2. 餐位布局

为了在有限的空间放入更多的餐位，可以采用条桌和圆桌两种餐桌。条桌规格为 80 厘米 ×100 厘米，适用于 2~4 人就餐；圆桌直径为 130 厘米左右，可容纳 10 人同桌就餐。

在餐位布局方面，可以将圆桌置于中间，条桌则贴墙、靠窗摆放，最大限度地利用空间。

米粉店的餐椅要求重量轻、易搬动、最好可叠放，这样更易于清洁，且与整体风格相匹配。

3. 警示标志

舒适的就餐体验往往源自贴心的餐饮服务。很多餐饮小店受限于服务员的数量往往并不注重服务。此时可以采用警示标志的方式来展示餐厅的亲和力，为顾客带来贴心体验。

警示标志的设计同样应与餐厅的装饰格调相匹配，规格可采用 34 厘米 ×19 厘米，常用内容如下。

请照看好您的孩子，不要在餐厅里嬉戏、打闹；

请保管好您随身携带的物品；

小心地滑；

加入光盘行动，请勿浪费。

3.2.3 灯光设计，如何利用灯光提高营业额

无论是门脸设计还是店内装潢，都离不开灯光设计。餐饮店可以选用的灯具有白炽灯、荧光灯、彩灯、吊灯等多种类型。

灯光的作用绝不只是照明。不同的灯光设计能够发挥不同的效用。

灯光设计直接影响着顾客的食欲和进店率。合适的灯光设计甚至可以帮你提高营业额。

1. 增加顾客食欲、提高营业额

好的灯光设计不仅可以满足照明需求，还可以为菜品增色，凸显菜品的色泽，并配合店面装修，增加顾客的食欲。

比如某餐饮店最初的灯光设计以宝蓝色为基色，生意一直不咸不淡；后来换成浅蓝色，顾客数量明显增加，但顾客用餐完毕后却迟迟不走；直到最后把灯光换成橙色的，不仅顾客数量增加，翻台率更是大幅增长。

其原因就在于，活泼的橙色不仅可以增加食欲，而且人们如果长时间停留在橙色环境中，就会产生"坐立不安"的感觉。

2. 节省电费开支、削减成本

电费是餐饮店的重要成本，因此，在灯光设计中也要考虑灯光的成本问题。要注意的是，灯光设计既不是以"多"为好，也不是以"亮"为美。你必须根据餐厅的风格，科学合理地做出恰到好处的设计。

如果说门脸是餐厅的"脸面"，那灯光就是餐厅的"眼睛"。透过餐厅的灯光设计，顾客能感受到餐厅的文化和氛围，这是餐饮人真正应当思考和探索的问题。

3.2.4 收银台设计，如何让顾客情绪大好

在餐厅设计中，很多餐饮人认为，收银台只负责收款结账，无需太多设计。

其实，很多餐厅的收银台可能成为其最大的败笔。

试想一下，你的餐厅空间设计得很有风格，当顾客就餐完毕，心满意足地来到收银台结账时，却发现它在一个逼仄的角落里，顾客排队等着结账；好不容易排到了，各种支付方式又不支持……

这样虎头蛇尾的消费体验，会使餐厅前期的服务功亏一篑，导致顾客像看了一部"烂尾"电影一样一肚子怨气。

因此，你必须重视收银台的设计，甚至要融入一些小心思，使顾客在结账时心情愉悦。图3-3所示的收银台设计就较为舒适。

图3-3 收银台设计

收银台设计的首要原则是便于顾客结账，让顾客可以迅速准确地买单离开。因此，收银台应该具备较大的通道空间，避免高峰期结账拥挤。一般餐厅的收银台要安排1~2名员工，分别负责顾客买单、开票等事宜。

由于移动支付的便利，很多时候结账都可以由顾客自己在手机上进行。若扫码付款，就需要餐厅服务员做好引导工作，引导顾客通过支付宝、微信支付或大众点评结账。

此外，你也可以在收银台上配置一些小工艺品和一些薄荷糖，让顾客在等待结账时可以观赏工艺品并拥有清新口气。最好再配置一个废纸盘，便于顾客丢弃糖纸或不要的小票。

3.3 菜谱设计，精美菜谱能让食客胃口大开

3.3.1 菜品排版，影响顾客对餐厅的判断

菜谱的作用不只是让顾客点单，更是一种重要的营销工具。通过菜谱上的菜品排版，顾客会快速对餐厅形成一个主观判断。

很多餐饮新手恨不能将菜谱打造成一本"大部头"的书，以显示菜品的丰富。但这样的排版方式不仅无益于餐厅营销，甚至会模糊餐厅的主打菜品。

近年来，很多大型餐饮店都在对菜谱做减法，比如巴奴毛肚火锅的菜品数量从100多道骤减至30多道；杨记兴臭鳜鱼更是将200多道菜品压缩至39道；和合谷更干脆，只保留6道经典菜品，并于每月更换一款创新口味，采用"6+1"的菜谱模式。图3-4所示的某餐饮店的菜谱设计就让人赏心悦目。

图3-4 某餐饮店的菜谱设计

精简菜谱的过程，其实就是菜品重新排版的过程，其目的有以下三个。

1. 突出重点——避免平庸

每家餐厅都有自己的特色菜品，如果一本"大部头"菜谱里尽是鱼香肉丝、

宫保鸡丁这样的家常菜，就很难凸显餐厅的特色，给顾客一种平庸的感觉。

比如"虾王蟹后"的菜谱原本有 120 多道菜，里面有各种菜品，顾客在看菜谱时自然会产生疑惑："说好的'虾王'和'蟹后'呢？"

2. 简化选择——降低难度

对很多顾客而言，点菜并非易事。一本纷繁复杂的菜谱则进一步增加了这种难度。如果翻了几页菜谱都看不到想点的菜品，即使已经入座，顾客也可能会选择离开。

新旺茶餐厅的菜谱则直接在首页列出了"招牌菜"，涵盖特色菜、主食、甜点、饮品等各色菜品。顾客完全可以直接点一套"招牌菜"，既简化了点菜过程，也能品尝餐厅的特色菜品。

3. 合理搭配——分时排版

很多餐厅一年四季都采用同一本菜谱，但对顾客而言，日常的早、中、晚餐以及不同季节的点餐需求和偏好各有不同。

如果顾客中午进店只想要一份简餐，却看到琳琅满目的"大菜""硬菜"，同样会感到困扰。此外，在我国餐饮市场，夏季的小龙虾或秋季的螃蟹都属于应季菜品。

因此，餐厅应当对菜品进行合理搭配。最好是根据目标顾客群的消费偏好，制作多份菜谱，以满足顾客不同时段、季节的就餐需求。

3.3.2 菜品价格，如何巧妙赢得顾客喜欢

菜品定价是一门技术，合理的菜品价格不仅能够赢得顾客的喜爱，还可以帮你增加营业额。

1. 定价原则

不同餐饮店的定价策略不尽相同，但必须遵循以下两大基本原则。

（1）精确地计算菜品成本，包括食材、调味料等；

（2）菜品价格应在目标顾客群的接受范围内。

只有覆盖了菜品成本的定价，才能确保盈利；也只有在目标顾客群接受范围内的价格，才能得到认可。

2. 定价策略

在上述基本原则的基础上，通常有三种定价策略。

（1）合理价位

在确保利润的前提下，可以以餐饮成本为基础计算和定价，比如菜品成本占菜品价格的50%。

（2）高价位

高价格意味着高溢价，菜品成本可能只占菜品价格的20%甚至更低。但要执行该策略，必须拥有独特的菜品、完善的服务且以高端顾客为目标顾客。

（3）低价位

低价位的目的在于薄利多销，一般在推出新菜品或食材积压的情况下采用，以便于推广新产品或出清存货。

3. 定价技巧

菜品定价并非一道数学题，而是一道心理题。同样一道菜，在不同的餐饮店里，价格可能有10倍之差，关键在于对顾客心理的把握。

一般而言，高档商业区的顾客并不十分计较价格，菜品质量才是关键。而在社区或学校周边的餐饮店则要以实惠的价格吸引顾客。

在菜品定价时，有一个重要技巧就是尾数定价策略，通过保留尾数，让顾客在心理上感到实惠。比如28.88元与30元相差不过1.12元，但在顾客看来，前者却要便宜很多。

3.3.3 菜品图片，影响顾客点单效率

菜谱的制作与拍电影的手法其实并无区别。时下很多餐厅为了方便和节约成本，都选择纯文字的菜谱，只列举了菜品名称。但这样的菜谱就如一部无声

黑白纪录片一般，难以展现菜品的特色，更难发挥菜谱的营销效果。

在一本精美的菜谱中，菜品图片其实才是重点。

相比文字或数字，图片可以瞬间刺激顾客的感官体验。如果菜品图片下面还写有菜品特色或相关故事，则更能引起顾客的好奇和食欲。

当然，也无需为每道菜品制作图片，那些特色菜品或美感较强的菜品图片才更具价值。这类菜品可以单独安排一页来展示。

总体而言，菜品图片的设置有以下几个小技巧。

1. 图片尺寸

菜品图片的尺寸无需统一，可以选定两三种尺寸变化。根据菜品的"分量"，将图片合理安排在菜谱中，以免菜品图片杂乱无章或单调乏味。

2. 推荐菜

推荐菜是菜谱中的"重头戏"，可以将主打的两三款推荐菜放在菜谱的前几页，并在每个菜系的首页放置相应的推荐菜图片，如图3-5所示。

3. 图片留白

在设计菜谱时，切忌将版面排得满满

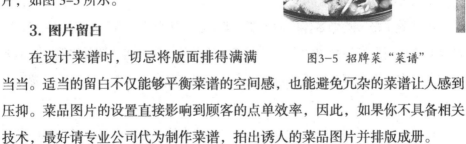

图3-5 招牌菜"菜谱"

当当。适当的留白不仅能够平衡菜谱的空间感，也能避免冗杂的菜谱让人感到压抑。菜品图片的设置直接影响到顾客的点单效率，因此，如果你不具备相关技术，最好请专业公司代为制作菜谱，拍出诱人的菜品图片并排版成册。

3.3.4 菜谱这样设计，让营业额提升30%

菜品不少、味道不差，为什么生意比别人差那么多？

当很多餐饮人为此而困惑时，他们很难想到，问题可能出在菜谱上。

对顾客而言，复杂的菜谱诱发了"选择困难症"；对餐厅来说，复杂的菜谱同样加剧了备菜和库存的双重压力。

"徽乡谣"最初的菜谱上有多达 220 道菜，经营者杨金祥承受了两年的亏损后，最终转让撤店。经过反省，杨金祥认为问题的关键就在于菜谱。

因此，在以"杨记兴臭鳜鱼"为名重新开业时，杨金祥也发起了数次"菜谱革命"，不断对菜谱的设计进行改革，最终从亏损走向盈利，从单店发展到 10 家门店，其背后的经营逻辑值得每位餐饮人学习。

据统计，恰当的菜谱设计能够让营业额提升 30%。而其中的技巧就在于杨记兴臭鳜鱼的每次"菜谱革命"。

1. 确立主打菜品

在日趋激烈的餐饮竞争中，任何一家餐厅都应当至少有一道主打菜品，并将之打造为爆品，从而实现以点带面式的迅速发展。

杨金祥一直坚持做徽菜，而要在徽菜中找到一道最具代表性的主打菜品并非易事。最终，杨金祥在第一次"菜谱革命"中确立了以臭鳜鱼作为主打菜的策略。他以此为出发点，重新注册"杨记兴臭鳜鱼"为店名，并安排厨师回安徽深造；将原本的 220 道菜品缩减至 120 道。

2. 提高上菜效率

上菜效率是影响顾客体验的重要因素，也直接影响着餐厅的翻台率。如今，越来越多的餐厅开始打出"半小时上菜"的口号，并承诺"超时赔偿"。而要做到这一点，更离不开菜谱的精简设计。如果菜品种类太多，后厨的备菜压力必然加大，"半小时上菜"也很难实现。

因此，杨金祥进一步将菜谱减少至 78 道菜品，并承诺：如半小时内顾客所点菜品没上齐，则未上齐的菜品免单。这样的承诺让顾客愿意上门，而精简的菜谱也凸显了臭鳜鱼这道主打菜品，餐厅营收由此上涨 10%。

3. 美化菜谱设计

餐厅的品牌打造源自每个细节，而菜谱作为重要的营销载体，同样不容忽视。

杨金祥的第三次"菜谱革命"就着眼于菜谱美化。在再次削减 20 道菜品的同时，杨金祥的菜谱也拥有了更多的美化空间。此时，杨金祥不仅为菜谱增加了视觉效果，还为主打菜品增加了菜品故事，如图 3-6 所示。

图3-6 杨记兴臭鳜鱼菜谱

4. 确定品牌定位和产品结构

经过前三步的菜谱设计，已经能够满足一家"网红餐饮"的菜谱要求。但爆品餐饮的成功不仅在于单店的成功，更要走向连锁化的经营。

因此，为了进一步发展，还要在菜谱中确定品牌定位和产品结构。最好的做法就是以主打菜品为核心确立品牌定位，打造出一个清晰的产品序列，从而形成餐厅的产品结构。

在最后一次"菜谱革命"中，当菜品数量降至 38 道时，杨记兴就已经形成了明确的产品结构概念，即"三大特色（3 种做法的臭鳜鱼）、四大招牌、十大必点"。最终，杨记兴的毛利率由最初的 58% 上涨至 68%，营收增长达到 35%，而餐厅 50% 的营收都源自主打菜品——臭鳜鱼。

在餐饮店运营中，菜谱的意义非凡。它不仅是顾客的点菜工具，也是餐厅的营销手段，更蕴含了餐厅的品牌定位和产品结构。可以说，网红餐饮的发展史就是一部"菜谱革命史"。

3.4 服装设计，统一服装让食客心情愉悦

3.4.1 色系搭配，强化形象标识

餐饮店销售的绝不只是菜品，更是服务。在海底捞之前，大概很少有餐厅对此有直观的认知，但海底捞的成功却让每家餐饮店都认识到服务的重要性。而餐饮服务的关键其实就在于服务员。

在服务员开口服务之前，其统一着装就能让食客心情愉悦。

服务人员的服装仪容是食客对餐厅的第一印象，整洁的制服、端庄的仪容能够迅速给食客以亲切的感觉。

那么，餐饮店的服装该如何设计呢？

1. 色系搭配

正如店面设计有其主色调一样，餐厅服装同样需要遵循这种主色调，比如红色、橙色。在主色调之外，最好的搭配色就是白色。

白色作为"无色系"的一种，可以与任何色系搭配。而在餐饮环境下，白色还能表现出整洁的意味，让食客吃得更放心。如果采用白色作为搭配，就要注意服装的洁净。如果服装泛黄、有污渍，效果就会适得其反。

需要注意的是，餐厅统一服装切忌色系过多，以免太过花哨。

2. 形象标识

每个餐饮品牌都有自己的个性，体现在服装上则是其形象标识。除却以主色调呼应餐厅主题之外，你还可以在服装的左胸口部位展现餐厅LOGO或名称，也可以为每位服务员制作工号牌。图 3-7 所示为员工服装定制中的形象标识。

图3-7 员工服装定制中的形象标识

如果你做的是特色餐饮，也可以将餐厅的特色融入工号牌的设计中，比如武侠风的"店小二"，或海鲜店的海鲜名称。

3.4.2 文化融入，文化衫让顾客印象深刻

爆品餐饮的背后必然有餐饮文化作为支撑，这种文化的内涵往往蕴藏于餐饮店的各个细节之中，如菜品、服务和装修等。

为了让餐饮文化能够更好地传播，你可以直接将其展现在文化衫上。

相比于正规的餐厅制服，文化衫可以融入更多的餐饮文化，以较为鲜艳的颜色展现餐厅的魅力与美感。在实际运用中，不同餐厅在制作文化衫时也应符合自身的特征。

1. 正面 LOGO 和特色

在文化衫的正面，餐厅 LOGO（商标）是必不可少的。与此同时，也可以将餐厅的特色印在文化衫上，比如酸菜鱼、小龙虾等。

2. 背面名称及口号

在文化衫的背后，可以打上大大的企业 LOGO 及口号，以此加强餐饮文化的传播。

文化衫的设计应当较为活泼，切忌死板。

3.5 标志设计，做好品牌从餐饮 LOGO 设计开始

3.5.1 LOGO 设计，简单好记中传播口碑

品牌传播离不开一个独特的 LOGO。LOGO 是品牌的简化，也是重要的传播载体。做好餐饮品牌，一定要从餐饮 LOGO 设计开始。

西贝莜面村的 LOGO "I ❤莜"，可以让顾客第一眼就明确其主打产品是莜面。而借用 "I ❤ Y"（由 "I Love You" 简化而来）的设计，也更符合年轻人的审美观。

海底捞的 LOGO 则以"Hi"为核心，既表达了招呼，也暗含"海"字，更有"嗨"意。此外，圆形的边框和辣椒形状的 "i"，则代表火锅。

成功的品牌 LOGO 简单好记，也更便于口碑传播。那么，品牌 LOGO 应该如何设计呢？

1. 汲取品牌的关键元素

正如西贝莜面村的莜面、海底捞的火锅，你应当将品牌的关键元素融入品牌 LOGO 之中，这也是 LOGO 设计的核心。

选取哪个元素作为品牌的关键元素？如何将之融入 LOGO 之中？又如何让顾客产生相应的认知？

只有解决了这些问题，才能设计出最合适的 LOGO。

2. 贴近目标顾客群的审美观

品牌 LOGO 的设计，应当贴近目标顾客群的审美观。

如今，随着年轻人审美观的不断变化，扁平化设计越发成为主流。很多餐饮品牌也开始升级品牌 LOGO，并融入扁平化设计，希望拉近与年轻人的距离。然而，如果自身目标顾客群不是年轻人，这种改造可能得不偿失。

比如"大娘水饺"也跟随品牌LOGO升级的步伐，将原本的"吴大娘"改成了"吴大姐"。这种失去特色的改造，也引发了消费者的不同声音。

3. 直接用汉字做LOGO

如果你实在没有品牌LOGO的设计思路，则可以采用一种取巧的方法，即直接以餐厅名称的汉字作为LOGO，从而满足品牌快速传播的需求。图3-8所示为黄太吉品牌LOGO。

图3-8 黄太吉品牌LOGO

纵观全球的品牌LOGO设计趋势，扁平化和中性化已经成为主流。由于汉字本身就满足了这两大特征，因而也成为品牌LOGO的新选择。

如果选择汉字LOGO，就要考虑字体的选择：是以印刷体还是手写体制作LOGO？以哪种字体为核心？

3.5.2 字体设计，传递餐饮店文化

汉字的字体种类繁多，每种字体的特点也各不相同。因此，在我国经营一家餐厅，也要对汉字字体进行研究，选择能够传递餐饮店文化的字体。

常用字体及其特点如图3-9所示。

> 隶书：秀丽、古朴、典雅

> 行书：飘逸、潇洒

> 楷体：规范、工整

> 魏碑：端庄、稳重

图3-9 常用字体及其特点

字体的选择没有标准答案，你只要把握住每种字体的特点，做到与餐饮店的文化相匹配即可。

在实际操作中，为了进一步展现餐厅特色，也可以采用手写体进行设计。此时，你可以寻找某位书法家或艺术设计师，请其协助设计出更适合的字体，如图 3-10 所示。

图3-10　串亭烧烤居酒屋的LOGO

3.5.3 VI 设计，如何实现时尚爆品范

人们所感知的外部信息中，有很大一部分是通过视觉通道直达人心的。正因如此，爆品餐饮必须满足"颜值控"的要求，做好店面、餐厅、菜谱、服装等各种设计工作。

无论何种设计，都应该与餐厅的主题相匹配。而这其实就是品牌 VI（Visual Identity，视觉识别系统）设计。

所谓品牌 VI 设计，就是将品牌的一切可视事物进行统一的视觉识别表现，并做到标准化、专有化。也就是说，从整体层面对餐厅的每一个细节进行设计，并将之融入统一的视觉识别效果中，如图 3-11 所示。

图3-11 品牌VI设计效果

图 3-11 所示的餐厅主色调是墨绿色（颜色为计算机屏幕显示），同时在菜谱、杯垫、餐具乃至火柴等处的各项细节中，都可以看出视觉审美的统一。

很多餐饮人在餐厅装潢时并没有这样的概念。他们通常是为每项设计工作寻找对应的设计人才，每次都要先介绍自己想要的风格。但在这种分散设计中，要想做到视觉效果的统一，无异于痴人说梦。

因此，想要走出时尚爆品范，你必须做好 VI 设计。

通常而言，完整的 VI 设计包含了风格设计、色彩搭配、艺术美感、实用性等多个层面。要在这些层面都做到标准化、专有化，只能依赖专业人士的协助，而你要做的就是提出要求，并最终选定方案。

3.5.4 餐具设计，让顾客爱上你的餐具

餐具是餐饮店的必备用品，也是最容易损耗的用品，但切忌因此放松对餐具的设计与选择。

餐具的美观和完好与否直接展现了餐厅状况。如果餐具质量不好，餐厅的档次会立马下降；如果餐具出现残缺，则会引起顾客的反感；如果餐具有污

渍，更会让顾客质疑餐厅的卫生状况。

因此，在选择餐具时，一定要选择正规厂商的产品，最好是具有一定设计感的餐具。

在挑选餐具时，一定要注意以下几处细节。

1. 用料优质

用料不佳的餐具虽然便宜，但容易损坏。你可以通过摸壁厚、掂分量的方法检验餐具的用料；也可以通过敲击餐具来挑选，声音清脆者更好。

2. 外形平整

餐具的外形要平整，弧度要平滑；对玻璃器皿可以透过光线观察其是否有气泡。

3. 款式新颖

为了展现餐厅的特色，在确保用料优质、外形平整的前提下，可以选择与餐厅主题相匹配的款式，如印花、釉彩等。如无特殊要求，则可以选择款式新颖的餐具。

3.6 厨房设计，如何让餐饮透明时尚

3.6.1 明档厨房，让餐厅颜值加分

随着消费者对饮食健康重视程度的提升，以及食品安全事故的曝光，餐饮企业也开始想方设法地证明自己的食品是安全的。

不同于很多餐饮企业的"后厨直播"，有些餐饮企业做得更加彻底，直接打造明档厨房。明档厨房最初源自日式料理、自助餐、铁板烧等餐饮形式，如今已开始进入更多的餐厅。

明档厨房不仅展现了餐厅的食品安全状况，也拉近了后厨与顾客的距离。巧妙的明档厨房设计甚至能够为餐厅的颜值加分。

如西贝莜面村的明档厨房不仅搬入了前厅，更成为门脸的一部分，让餐饮变得透明时尚，更能勾起顾客的食欲。

那么，明档厨房应该如何设计呢？

1. 判断是否适合明档

做明档厨房之前，先要确定自己的餐饮店是否适合。明档厨房有三个典型特征，如图 3-12 所示。

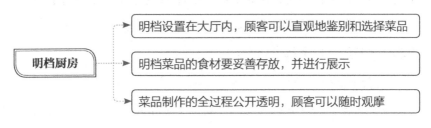

图3-12 明档厨房的典型特征

鉴于明档厨房的这些特征，餐厅需要满足较高的要求，即较大的前厅面积、较新鲜的食材、较好的保鲜技术以及整洁的制作流程。

只有当你的餐厅和菜品满足这些要求时，你才能尝试做明档厨房。

2. 有选择地打造明档

事实上，在中餐的煎、炒、烹、炸等烹饪手法下，油烟、油渍是无法避免的。因此，如果你选择做明档厨房，最好是打造"有选择"的明档，以免增加前厅的油烟、噪声，影响顾客的就餐环境。

明档厨房的首要原则是美观和卫生。因此，你可以选择几款烹饪简单的主打菜品作为明档菜品，此举能够提高餐厅的颜值。

3. 掌握摆放技巧

相比于传统后厨，明档厨房其实存在高浪费率的问题，这会导致菜品制作成本的提高。因此，与其说明档厨房是餐厅的厨房，不如说是一间展示厅。

在打造明档厨房时，必须以设计一间展示厅的标准为要求，借助各种摆放技巧，充分展示餐厅的特色。

比如海鲜档的摆放空间需又宽又高，且呈倾斜状，辅以大量冰沙，给顾客新鲜的感觉；样品菜更要摆放整齐且有立体感，这样才能够激发顾客的食欲。

需要注意的是，明档厨房直接展现在顾客眼前，一定要确保"360°无死角"的干净整洁。无论是食材、菜品，还是厨具、清洁用品，都是如此。

3.6.2 后厨设计，如何使后厨高效工作

相比于新式的明档厨房，传统的后厨设计则要遵循实用、耐用和便利的原则，在节约成本和空间的同时满足后厨高效工作的要求。

为此，你要注意以下几个细节。

1. 配备合适的灶具

餐饮种类多样，每种菜系所需的灶具也不尽相同。比如粤菜要配备广式炒炉，面食需要大规模的面点房和大口径的锅灶。

因此，在后厨设计中首先要根据餐厅的主打菜系配备合适的灶具，以免造成资源浪费，甚至影响菜品的口味。

2. 切忌隔区太多

适当的区间分隔有利于后厨管理。但如果分隔区太多，也会造成各作业间的相对封闭，这样既增加了厨师传递食材、菜品的距离，又不利于后厨效率的提升，甚至会造成安全隐患。

3. 防滑与排水

餐厅后厨时常与水、油打交道，地面难免湿滑。因此，一定要采用防滑地砖铺设后厨地面，否则会影响后厨的工作效率，甚至造成安全隐患。

与此同时，在排水量较多的粗加工间和操作间，后厨应当采用明沟排水，便于清洁和疏通。如果是带有油腻的排水，则应单独设置排水系统，并安装隔油设施。

在后厨设计上越注意细节，在后期运营中越能最大限度地避免麻烦。

第四章

餐饮策划：

网红餐饮店都是策划出来的

4.1 开业策划，让开业活动引爆顾客口碑

4.1.1 活动策划，如何让开业活动引爆顾客

餐饮店开门营业时，最让管理者感到焦虑和忐忑。一方面，新店开业，经营者会非常兴奋；另一方面，新店刚刚面向顾客，前途未知，经营者心里也没底。

开业活动一般包括以下几方面的内容，如图4-1所示。

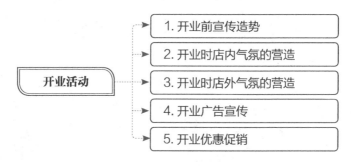

图4-1 开业活动内容

对一家新开的餐厅来说，开业当天的营销策划工作是打响头阵的关键，必须做好才行，但具体应该如何来做呢？

1. 开业前宣传造势

开业之前，可以先组织人员在餐饮店周边进行宣传预热，或者发一些宣传单，让周边居民知道新店即将开业。也可以进行几天的试营业活动，这几天不进行任何的促销活动，主要用于检验内部运营情况。

试营业期间，在顾客前来品尝时多询问他们关于菜品种类、口味等意见，这样就能有相对充分的准备。

在试营业时，可以把餐饮店正式开业时将要实行的优惠政策、活动等告知

顾客，以此吸引顾客在开业当天前来捧场。

★需要注意的是，正式开业日期应尽量避免选在周末。

2. 开业时店内气氛的营造

开业当天，一定要把气势烘托出来。

在店内，一定要让顾客感受到热情与周到的服务。比如餐巾纸、筷套、订餐卡、优惠券（代餐券）、DM（Direct Mail，快讯商品广告）单、POP（Point Of Purchase，卖点广告）吊旗、专用气球、专用灯笼等一定要准备妥当。

餐饮店内的装饰也要充满喜庆味道，比如在屋顶上悬挂 POP 吊旗、专用灯笼、彩带；墙面上悬挂照片等喜庆标识物，让顾客心情愉悦。

店内一定要播放适合餐饮店定位的音乐，千万不能出现违和感，切忌吵闹。

此外，店内员工要整齐站台、统一着装，开业期内员工需按照营运要求和时间在店外整齐列队（例行检查企业口号、掌声、练舞排练情况）。

3. 开业时店外气氛的营造

开业当天，店外的气氛越活跃，吸引到店里来的顾客就会越多。这对餐饮店今后的发展至关重要，因为最初的顾客都是口口相传而来的。

在店外，要悬挂带有餐饮店文化要素的彩旗、摆放气球拱门、张挂条幅等，在这些物料上一定要把餐饮店的各种优惠、重磅信息展示出来。

比如条幅，可以把友情支持的其他餐饮店信息展示出来，如图 4-2 所示。

> ×× 单位，恭祝 ××× 店隆重开业。

> ×× 单位，恭祝 ××× 店生意兴隆。

> ×× 单位，恭祝 ××× 店财源滚滚。

图4-2 条幅内容

此外，如果有充足的资金，还可以邀请一些专门承办开业活动的演出团体前来助阵演出。演出活动可以吸引大量顾客，他们在欣赏节目的同时，通过服务员的引导，很可能会进入店内消费。

开业花篮和店门口的大红地毯必不可少，这会让每一位顾客都觉得自己是贵宾，情感体验会比较好。

4. 开业广告宣传

开业的广告宣传必须是全方位、多层次的。具体而言，要通过线上、线下相结合的方式，把开业信息传达给顾客，具体可以从图4-3所示的几个方面着手。

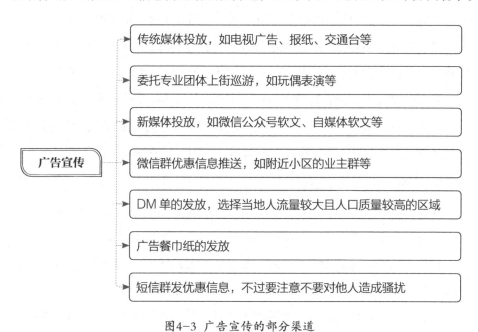

图4-3 广告宣传的部分渠道

4.1.2 活动细节，如何让顾客感到温馨

开业活动的目的不只在于吸引顾客，更要让顾客感到温馨，将吸引来的顾客打造为忠实的"回头客"。要做到这一点，就要处理好开业活动中的各个细节，给顾客提供更加舒适的体验。

具体而言，餐饮店应该从哪些细节着手呢？

1. 广告单发放细节

发放广告单是吸引顾客的常用方法。

因此，在发放广告单时有一些细节需要注意。

（1）发放时段：11:00~12:30，17:00~18:00。这两个时段是上班族午餐和下班的时间。

（2）发放的姿势及语言：左手托广告单，腰微屈且面带微笑，并配以礼貌用语"欢迎光临×××店"，用右手将广告单送到目标对象的手中。

（3）统一着装，披绶带。可用店内员工也可以临时聘用附近的大中专院校的学生来发放。

（4）注意事项：若对方不接广告单，不能强塞，且注意将附近散落的广告单捡起来，以免造成不良印象。广告单的发放数量为每天10 000~20 000份，3天共计30 000~60 000份。

2. 优惠促销细节

开业优惠促销要视自身情况而定，不能为了促销而促销，否则投入太多，效果很一般。因此，对优惠促销的细节也要充分考虑。

这里列举一些促销的细则，仅供参考。

● 单桌菜品消费金额介于50~99元，送50元代餐券和×××扑克1副。

● 单桌菜品消费金额介于100~149元，送100元代餐券和×××扑克1副、×××伞1把、×××杯（普通）1个。

● 单桌菜品消费金额介于150~199元，送150元代餐券和×××扑克1副、×××伞1把、×××杯（普通）1个。

● 单桌菜品金额介于200~249元，送200元代餐券和×××扑克1副、×××伞1把、×××杯（普通）2个。

● 凡来就餐的，每桌均赠送×××手提袋1个，×××中国结1个。

● 活动期间的就餐人员免费喝各种滋补酒。

● 凡在活动期间就餐的人员享受×折优惠。

这些优惠活动实质上相当于打7.5~8折，但是给顾客的感受几乎是免费吃喝，顾客比较容易接受和被吸引，同时附赠的礼品还能起到宣传的作用。

4.2 菜品策划，如何让菜品满足每一位顾客

4.2.1 菜品类型，要兼顾低、中、高档位

菜谱的设计切忌臃肿，但餐厅的菜品却要满足每一位顾客，这就需要你对菜品类型进行合理的规划。否则，很可能遭遇顾客因找不到合适的菜品而离场的尴尬。

无论餐厅档次如何，在菜品策划中你都要兼顾低、中、高档位。因为在不同场景下，不同的顾客都会产生不同的消费选择。

比如同一顾客在同一家餐饮店分别用午间工作餐和晚间聚会餐，那么他两次选择的菜品就可能有很大差异。中午可能只是一份低档小炒搭配一份米饭，晚上却可能是中档冷盘、高档硬菜俱全的席面。

纵观市场上的网红餐饮店，几乎都不会主动"抛弃"各个档次的消费者。如沃歌斯（Wagas）虽然单品价格较高，但在工作日中午也提供了4款售价58元的便捷午餐，以贴近普通白领消费者。

很多高档餐饮店出于维护店铺形象的需要，拒绝推出低档菜品。但如果它们在生意冷淡时，尤其是工作日的中午推出低价套餐，则能吸引更多顾客光临。若同时还能推广高档口味，则能得到潜在消费者的认可。

4.2.2 菜品特色，要符合餐饮店定位

每家餐饮店都有自身的定位，这就为菜品的策划限定了主题。

本帮菜餐饮店的菜品不可能以辣为特色，茶饮店也不可能以咖啡为特色。

在菜品策划中，你的菜品特色必须符合餐饮店的定位。

如虾王蟹后最初的菜谱上有 120 多道菜，其中充斥着鱼香肉丝、宫保鸡丁这样的菜品，模糊了餐饮店本身的特色。其主打的小龙虾和螃蟹菜品反而被掩盖在这些杂乱的菜品之中。

直到餐厅将菜谱缩减至 80 道菜品，并推出了多道以虾、蟹为主的主打菜后（如图 4-4 所示），经营者才终于明确餐饮店的定位，最终渡过难关。

图4-4 "虾王蟹后"菜品特色

4.2.3 菜品创新，让顾客感到新奇

菜品创新是餐饮行业的永恒难题。眼看着其他餐饮店凭借创新菜品成为网红，但自己精心打造的爆品餐饮却成为回收最多的菜品。

其实，关于菜品创新，并非"要不要"的问题，而是"怎么做"的问题。

那么，菜品创新究竟要如何进行呢？尤其是当餐饮店很难搜集到每位顾客的反馈时，应如何判断什么菜品应该创新，创新的方向又在哪里呢？

对于这一难题，我们推荐餐饮店使用 ABC 法则。

所谓 ABC 法则，就是将餐饮店的菜品分为 A、B、C 3 个等级。在这 3 个等级中，A 级菜品具有成为爆品的可能，而 C 级菜品则可能需要被精简出菜谱。具体而言，ABC 分级主要考虑两个维度。

1. 菜品销量

即使在网红餐饮店中，爆品菜品也不过占总菜品的 10%~20%，这部分菜品的销量也最高，几乎是"入店必点"。因此，它们可以被归入 A 级菜品。对这部分菜品，应分析其受欢迎的原因，并不断巩固其优势，保持其口味和稳定性。需要注意的是，A 级菜品的食材也要找到最稳定的供应商。

常规菜品占比在 60%~80%，它们或许能得到小部分群体的喜爱，但未能在所有顾客群体中获得广泛认同。因此，它们可以被标记为 B 级菜品。如果你明白了 A 级菜品成功的原因，则可以以此为方向，对 B 级菜品进行有针对性的创新。

最后，销量最差的 10%~20% 的菜品是 C 级菜品，是可能被淘汰的对象。但对此也要慎重。导致销量差的原因有很多，可能是顾客不喜欢，也可能是菜谱的设置或供应不稳定等问题。一定要具体分析之后再做决定。

2. 菜品贡献率

菜品贡献率要考虑到菜品销量对销售额的贡献度。其分级方法与菜品销量相似，但在分级结果上却可能有较大差异。比如销量最高的低价饮品与销量一般的高价菜品，虽然在菜品销量上分属 A、B 级，却可能在菜品贡献率上位置对调。

餐饮店的核心指标还是销售额。很多走量的菜品虽然销量巨大，但其单价、利润却很低，因此，菜品创新的选择不能不考虑菜品贡献率的因素。

综合而言，如果菜品销量和贡献率同时处于 A 级标准，那它就是菜品创新的方向；反之，如果销量低、贡献率低，那么被定为"C 级"的菜品就应当是被淘汰的对象。

4.3 品牌策划，让品牌助力餐品引爆

4.3.1 品牌定位，如何定位适合自己的品牌

网红餐饮店的诞生必然是品牌的成功，而非餐品的成功。如果缺乏品牌策划，纵使餐品再好吃，顾客也可能只是模糊记得："有一家餐饮店的某道菜超好吃……但我记不得餐厅的名字了。"

很多餐饮人都在谈论品牌定位，但品牌定位并非易事。

西贝莜面村在成立之初，就确定以西北菜为重心，并推出了莜面这一主打菜品。然而，除了莜面之外，其他菜品与西北菜的关联性并不大。为了打破这种尴尬，西贝莜面村又着力打造"烹羊专家"的品牌定位。

可是，"莜面"的品牌名与"烹羊专家"的品牌定位着实相差甚远，顾客很难在二者之间产生联想。

最终，西贝莜面村仍然以莜面为核心菜品，并根据西北人"淳朴、实在"的形象，打出"闭着眼睛点，道道都好吃"的口号，最终确立了适合自己的品牌定位。

要想打造网红餐饮店，餐饮品牌不妨向网红学习，从定位开始打开通往网红之路的大门。

1. 市场决定出路

餐饮市场早已成为竞争激烈的红海市场，要想在这个市场里成为网红餐饮，就必须找到有发展空间的细分市场，并成为开拓者与领导者。这也是西贝莜面村成功的起点。

2. 特长决定深度

每家餐饮品牌都应该有自己的特色餐饮或主打菜品，正是这些特长决定了餐饮品牌的深度。通过不断挖掘品牌潜力，餐饮店可将品牌价值最大化。

3. 兴趣决定命运

品牌能否成功助力引爆餐品，关键就在于其能否引起顾客的兴趣。如果有餐饮店宣称"道道都好吃"，你是否会产生兴趣呢？

4. 互动决定效率

确立适合自己的品牌定位，如果只靠自己摸索，难免要经历一段漫长的试错期。此时，餐饮品牌可以坚持与顾客互动，以提高品牌定位的效率。

4.3.2 品牌推广，让更多人知晓的策略

传统媒体时代的品牌推广更像是大海捞鱼，只能通过广撒网来覆盖餐饮品

牌的目标顾客群。这种品牌推广方式不仅成本高，效率也极为低下，纵使通过更具针对性的美食杂志宣传，真正能够将读者转化为消费者的也极少。

但在社交媒体时代，有效的品牌推广策略却能让你的品牌被更多人知晓。

在这个"流量为王"的时代，只有让餐饮品牌占据更多、更热的流量入口，才能挖掘出更大的流量价值。所谓的网红餐饮店，其实就是一种流量池，目标顾客群愿意来此消费，社交媒体也愿意为之传播。

正如喜茶一般，即使如此火爆，但喜茶也只在全国重要城市布局了几十家门店。虽然这些门店大多布局在北、上、广、深等一二线城市，但喜茶的知名度却遍布全国，很多人到"喜茶城市"旅游时甚至会特意去品尝一杯。

这就是品牌推广的力量。那么，餐饮店应如何玩转品牌推广呢？关键就在于口碑的力量。

品牌推广终究不是"王婆卖瓜"式的一家之言，而是一种"有口皆碑"的力量。只有当品尝过的顾客都说好时，餐饮品牌才能赢得其他用户的认可，进而推动口碑传播，让更多人知晓并体验你的餐饮品牌。

1. 激励顾客好评

当对自有品牌的菜品、服务有足够自信时，就可以在用户就餐时适时激励其在公开平台如大众点评或微博、朋友圈等给予好评，具体措施如图4-5所示。

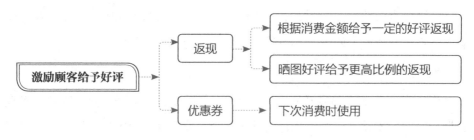

图4-5 激励顾客给予好评的措施

但切记，激励顾客给予好评并非"刷好评"，否则只会引起顾客的反感。

因此，你可以事先询问顾客的消费体验，当顾客说好时再提出好评激励。

2. 负面口碑处理

口碑传播的力量并不总是正面的，毕竟"好事不出门，坏事传千里"。可能你努力推广正面品牌，却收效甚微，而一个简单的负面新闻却会被迅速曝光，甚至传播至互联网的每一个角落。

因此，在口碑思维下，正面口碑的营造确实重要，但对负面口碑的处理同样重要。你必须时刻关注各大平台的相关信息，一旦出现负面信息就要及时处理。

但要注意的是，在处理负面评价时，也要辨别是恶意差评还是确有其事。如是恶意差评且已产生严重影响，你要严肃对待；如确有其事，你要诚恳道歉、弥补损失，并公布解决方案。

4.3.3 美食节策划，让节日引爆顾客流量

每个传统节日都是品牌推广不可错过的时机。在这些节日期间，餐饮品牌也将陷入激烈的市场竞争之中，很难脱颖而出。

但如果是餐饮品牌自己策划的节日呢？一旦策划成功，那么在这一天，餐饮品牌也将成为绝对的主角。

天猫发起的"11·11"网购节，饿了么发起的"5·17"吃货节，小米的"4·6"米粉节……这些品牌创造的节日，都成为引爆顾客流量的绝佳契机。

以小米"4·6"米粉节为例，作为专为粉丝量身打造的节日，在2017年米粉节这一天，小米的总销售额突破19.3亿元，超过2016年小米"双十一"的销售额。

对于餐饮品牌而言，策划一个属于自己的美食节其实并不难，难的是如何让所策划的美食节与众不同。

1. 以美食为中心

既然是美食节，就应该以美食为中心，在美食节当天，一定要丰富美食的

品类，让每位顾客都能品尝到好吃的食物。

当然，仅靠一家餐饮店很难支撑起一个美食节的需求。此时，你可以寻找其他合作品牌共同组织。需要注意的是，为了避免"为他人作嫁衣"，你首先要把握住美食节的冠名权。而在寻找合作商家时，也要避免引入太多竞品。

2. 打造"嗨玩"活动

美食节当然不只是吃，还要玩。只有具备足够的娱乐性，才能让顾客更乐于参与和传播。因此，在美食节期间要打造"嗨玩"活动，让顾客"嗨"起来，比如"啤酒王""大胃王"或"美食 DIY"等。

与此同时，你也可以针对老顾客推出专门的娱乐活动或设置更诱人的奖品。

3. 改造传统节日

在一个寻常日子策划一个成功的美食节并非易事，为此，你可以借势传统节日，将其改造为自己的美食节。

如西贝莜面村就在 2016 年 2 月 14 日第一次推出"接吻打折节"，将店面节日与传统的情人节结合起来。这种做法在电商行业其实十分普遍，比如"三八妇女节"被改造为"女生节""女王节"等。

4.4 会员策划，留住更多顾客的秘诀

4.4.1 会员优惠，如何巧妙设置会员福利

会员制度是很多餐饮店留住顾客的重要手段，时至今日，餐饮会员的存在感却越来越低。尤其是随着团购网站、移动支付的普及，顾客直接通过大众点评或支付宝买单就能享受到折扣优惠，为何还要注册会员？

因此，餐饮店留住顾客的方法也就只剩下味道、服务与环境等硬指标。尤其是传统的储值会员卡的减少，让餐饮店失去了沉淀资金的机会。

为了摆脱这种困局，餐饮店就要结合新时代的特征，重新思考会员优惠，巧妙设置会员福利。会员福利的设置主要有如下几种策略。

1. 支付即会员

针对移动支付越发普及的现状，餐饮店可以与移动支付平台合作，推出"支付即会员"的活动。比如入驻支付宝口碑或关联微信公众号，顾客一旦完成支付，就会在支付宝或微信中成为餐饮店的会员。

2. 关注即送券

微信公众号已经成为社群营销的主流平台。仅仅只是微信支付并不能让顾客关注微信公众号。此时，你要进行适当的引导，比如推出微信电子会员，顾客只需关注商家的微信公众号即可获赠优惠券；如果进一步注册微信电子会员，则能再次获赠优惠券。

3. 优惠本次可用

在传统的会员福利设置中，无论是代金券还是折扣券，都需要下次消费时才可使用。这样的措施是为了吸引顾客二次消费。但在如今，此类优惠已经难以打动顾客。顾客宁愿放弃优惠，也不愿留下个人信息、注册会员。

为此，餐饮店可以推出"优惠本次可用"的活动。顾客完全可以在等餐期间，通过微信或支付宝注册电子会员获得多张优惠券，其中一张"本次可用"。这样的设置也能最大程度地吸引顾客注册会员。

4.4.2 会员激活，如何增加会员的就餐频率

"卡包"是这个时代的产物。在各大商家纷纷推出会员卡时，很多顾客都会拿到无数张会员卡并将其放入一个厚厚的"卡包"中，但真正被使用的会员卡却很少。

对餐饮店而言，这就是会员激活的难题。即使会员卡已经电子化，能够被放置在微信或支付宝中，但如果顾客注册了会员却不再消费或很少消费，这也是会员策划的失败。

在思考如何激活会员时，餐饮店同样要紧握时代脉搏，掌握新时代的技术工具。

在移动支付和大数据时代，移动支付甚至移动点餐都已进入很多餐饮店。此时，加以"支付即会员"的手段，就意味着你能够真正掌握会员的消费信息，包括消费频率、消费金额、消费菜品等。

基于上述信息，精准激活会员也并非难事。

1. 会员数据分析

所谓会员数据分析，就是分析每位会员的消费数据。

比如历史消费数据显示，A 会员平均每周会来消费一次，但最近一次消费已经是一个月之前的事了。这意味着会员流失的风险，此时你就要及时对其展开精准营销了。

2. 会员精准营销

新零售时代的精准营销完全可以实现"千人千面"，餐饮店可以关注每位会员的消费数据，并对其展开精准营销。

假设 B 会员的历史平均客单价是 200～250 元，你就可以向其推送"满300 减 30"优惠，从而提高客单价。

3. 培养会员的忠诚度

对餐饮店而言，会员是最值得重视的老顾客。因此，在会员激活时，你更要考虑培养会员忠诚度的问题，进一步分析会员的消费偏好，时常给会员以惊喜。

假设 C 会员几乎每次消费都会点某菜品，那你就可以在"会员日""会员生日"等时机，向其推送免费赠送该菜品的优惠。通过这类活动，顾客将切实体验到餐饮店对自己的重视，产生更强的归属感。

4.4.3 会员转化，如何让更多顾客成为会员

无论拼多多的市场评价如何，但它确实成为近年来国内增长速度最快的电

商之一，并在创立不到 3 年的时间内在上海和纽约两地同时敲钟上市。其成功的原因，正在于其拥有其他电商难以企及的传播力与转化力。

促使拼多多成功的这种传播力与转化力能否运用到餐饮策划之中，让更多的顾客成为会员呢？答案是肯定的。

作为"万行之王"的餐饮业，具有与一切商业模式相融合的独特性质，关键在于你能否发挥这种特性，将会员策划提高到新的境界。

餐饮人都十分清楚会员营销的重要性：会员的主动传播能够为营销信息背书，让餐饮营销更加可信；与此同时，这种传播与转化的效率更高、成本更低，是最有效的营销方式之一。

但在会员营销遍布的今天，餐饮人也无奈地发现，各类分享与抽奖活动都已经很难吸引到足够的眼球。这其实是因为会员转化活动本身缺乏内涵，因而不仅普通顾客不买账，连会员都不愿传播。

对此，餐饮人可以从以下两方面着手。

1. 优化营销内容，给会员主动传播的理由

营销内容是会员营销的关键，你必须激发会员的传播欲望。图4-6所示为营销内容的关键。

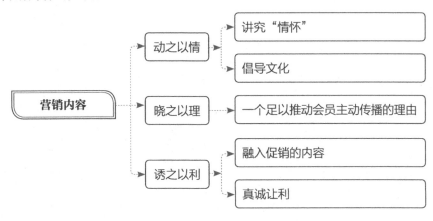

图4-6 营销内容的关键

2. 优化营销形式，给会员更多传播的方式

在互联网时代，人们可以从各种设备获取丰富的信息。此时，你的营销形式也要进一步优化，尽可能地实现跨屏传播。PC（Personal Computer，个人计算机）、智能手机、平板电脑、可穿戴设备、智能家居……通过对各种设备进行有效整合，增加营销活动的趣味性和参与度。

在会员的众多硬件设备中，每种设备都能产生不同的营销效果。社群营销日渐红火，但其他终端的营销渠道同样不容忽视。在会员营销中，你需要找到最适合活动的载体，并努力实现跨屏传播，给予会员更多的传播方式，也给予其他用户多屏体验。

在当下，无论你的初始活动在线上还是线下，都要推出二维码，并鼓励用户扫码，让你的活动进入用户的移动终端。

第五章

餐饮营销：
再好吃的菜也得先让顾客知道

5.1 活动营销，营造餐厅活跃气氛

5.1.1 节日营销，如何打造正合时宜的节日活动

每个节日都是人们放松身心的好时机，也是餐饮店最好的营销时机。外出旅游或逛街，人们难免想要吃些好东西或新东西。此时，各家餐饮店的节日活动至关重要。

但在实际操作中，很多餐饮店都只是单纯地推出折扣优惠。这种缺乏特色的节日营销，自然收效甚微。

节日营销活动必须正合时宜。

1. 明确活动设计要点

要想把营销活动设计得巧妙、合适，你必须明确活动设计的要点，如图5-1所示。

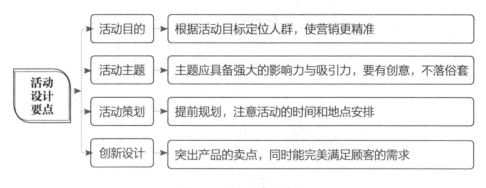

图5-1 活动设计的要点

活动设计的两个基本前提就是活动目的和活动主题：要吸引怎样的顾客？又要符合怎样的主题？确定了目标和主题，你就可以将其与新颖的活动形式相结合，从而实现营销目标，比如吸引新客、推广新菜或回馈老顾客等。

2. 节日营销技巧

每个节日营销活动的主题其实正是节日主题：在三八妇女节，应以女性消费者作为营销对象；在六一儿童节，推出亲子套餐更加适宜。

在各类节日营销中，麦当劳的儿童节营销最为突出，这也得益于麦当劳一直以来的儿童套餐或玩具套餐。更重要的是，麦当劳的玩具总能与流行的卡通形象相结合，如小黄人玩偶。这些充满"萌趣"的玩具，不仅能够获得小朋友的欢心，甚至会引来很多"大宝宝"的关注。

5.1.2 优惠活动，带动餐厅强大人气

无论是节日营销还是日常营销，优惠活动都必不可少。甚至在很多餐饮人看来，节日营销也无非是换种方式推出优惠活动而已。

确实，优惠活动能够有效刺激顾客消费。但让餐饮店尴尬的是，推出了优惠活动却无人问津。只有掌握了优惠活动的技巧，才能营造餐厅强大的人气。

1. 日常优惠

随着餐饮业竞争的日趋激烈，很多餐饮店时常需要找由头推出优惠活动。与其如此，不如直接将优惠活动日常化，让顾客对餐厅的优惠形成稳固记忆。

比如很多餐厅针对等位顾客推出的"等位优惠"活动，顾客等位超过相应时间即可获赠对应菜品：如等位时间过长，甚至可以获赠高价主打菜品。这样的活动既能安抚顾客等位的焦急情绪，又能展现餐厅的诚意。

2. 限时优惠

在特定时间段，餐厅为了吸引人气，也可推出限时优惠活动。通过短时间内的大幅优惠，给顾客营造出稀缺感和紧迫感，从而刺激其消费欲望。

具体而言，限时优惠可以分为三种不同的形式，如图 5-2 所示。

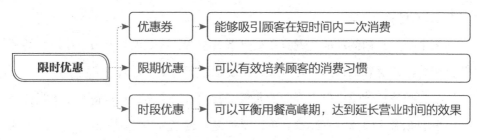

图5-2 限时优惠的形式

5.1.3 亲子活动，打造餐厅温馨氛围

很多餐厅都热衷于推出亲子活动，如麦当劳更是将亲子活动作为日常。所谓亲子活动，顾名思义就是家长与孩子共同参与的活动。

时至今日，我国的孩子在家庭消费方面已经拥有前所未有的话语权，而亲子活动正是为了抓住孩子的心，通过孩子吸引家长前来消费。

仅2017年，西贝莜面村全国65家门店共举办了超过3 000场亲子活动，吸引了6万名家庭会员参与。为了纪念这一成就，西贝莜面村又进一步以"3 000场"为主题举办了纪念场活动，将"趣味搓莜面"活动带给孩子。

亲子活动之所以被无数大牌餐饮追捧，正因为它是最有效也最划算的活动。

举办亲子活动并不需要投入过多成本。亲子活动的时间可以设定在餐厅的休息时间，比如早上9点到11点、下午14点到16点。在这个时间段里，大部分餐厅都处于歇业状态，此时可以有效利用餐厅场地举办各类亲子活动。在活动结束之后，参与活动的家长与孩子也大多会选择留下就餐。

纵观各类亲子活动的形式，我们认为有三类最适合餐厅。

1. 美食DIY活动

DIY活动最能激发参与者的好奇心和创造力。比如必胜客的"比萨DIY"、麦当劳的"汉堡DIY"、西贝的"搓莜面"等，这些DIY活动在引起家长和孩子兴趣的同时，也能够起到推广餐厅主打菜品的作用。

2. 亲子亲情活动

亲子活动的主题仍然在于亲情，因此，设计亲子活动时也要加入亲情元素。比如麦当劳的"亲亲甜筒日"活动，孩子只需送给家长一个亲吻，就能为自己和家长赢得免费的迷你甜筒。奖品并不重要，但亲情元素的融入，却极大地增加了亲子活动的传播度，为餐厅营造了活跃的亲情气氛。

3. 参与有奖活动

为了进一步激发参与者的积极性，还可以设置一些简单的比赛，比如包饺子比赛。但要注意的是，亲子活动的重点在于活动本身，而非比赛。

因此，最好实现参与者即有奖的效果，设置各种各样的奖项，如最具魅力奖、最快速度奖、最美设计奖等，让绝大部分孩子都能拿奖，从而避免参与者因未得奖而失落的状况。

5.1.4 情侣活动，带动顾客口碑传播

在餐厅，情侣活动也是最具普适性的活动形式之一，尤其是在情人节、圣诞节、元旦、七夕节这样的节日。

年轻人永远是大多数餐厅最重要的消费群体，而这部分顾客也正是情侣活动的营销对象以及推动口碑传播的关键。

1. 大胆营销

相比于传统节日活动和亲子活动的中规中矩，情侣活动则可以融入更多创意，甚至稍稍"超限"也无不可。

比如"爱情骰子"活动，情侣可以投掷骰子，按照提示语在指定位置完成相应动作，并根据结果获得相应奖品。骰子的6个面分别写着"亲亲""抱抱""表白"等指示，你可以根据顾客的完成度，赠予情侣菜品、巧克力、立减52元优惠券等奖品。

2. 强调浪漫

在情侣活动中，参与者更多的目的是融入一种浪漫的氛围当中，尝试平时

不愿尝试的事情，比如当众接吻、表白等。

因此，在推出情侣活动时，你一定要强调浪漫，为参与者营造出各种浪漫的氛围，而不是干巴巴地催促顾客。为此，最好安排两三个员工在活动现场充当群众，帮忙带动气氛。

3. 注重创意

每年的各大节日都是餐厅推出情侣活动的好时机。但也正因为如此，很多情侣活动都十分老套，难以激起顾客的参与欲望。

在设计情侣活动时，一定要注意创意，要给予顾客一种新鲜的体验。

5.1.5 公益活动，塑造良好社会形象

每家企业都有社会责任，餐饮企业同样如此。在很大程度上，公益活动并非为了扩大销量，而是为了展现社会责任感，塑造良好的社会形象，进而提升品牌价值、推动品牌传播。

从商业层面而言，公益活动确实有其价值所在。但企业在推出公益活动时，切忌带有太强的功利性，以免引起公众的反感。

公益不分大小，只要坚持从事公益活动，你的品牌就能得到推广，即使是一份免费早餐也是如此。图 5-3 所示为某餐饮店为环卫工人提供免费早餐。

一般而言，公益活动主要分为 3 种模式。

1. 形象导入

餐饮店可以直接以品牌

图5-3 环卫工人领取免费早餐

的名义开展公益活动，比如给灾区捐款、新建学校等。餐饮品牌参与的这些公

益活动都可以写入品牌的官网或发布到社交网络中。

2. 相关导入

除直接捐款外，餐饮品牌也可以与公益基金合作，针对特定对象设立相关公益项目，共同完成公益活动。

此类公益活动最好与餐饮品牌相关联。比如炸鸡店可针对养殖户推出公益扶持项目；地方菜则可以回馈家乡，开展教育、扶贫等公益活动。

3. 营销导入

营销导入模式的公益活动则可与餐饮营销直接挂钩，常见的有"每消费100元，捐款1元"。此类公益活动最容易实现营销效果，但也可能陷入公关危机，被公众质疑你的公益心。

因此，为了发挥效果，在做此类公益活动时，你可以将每位顾客当作公益活动的一分子，为顾客营造参与感。比如每月公布"公益账单"，列明本月营业额、应捐款额以及实际捐款额，并附上捐款收据等照片。此时，你的实际捐款额应当远大于应捐款额，以此展现你的公益心。

5.2 平台营销，背靠平台放大品牌

5.2.1 地图营销，让顾客时刻找得到你

无论是百度地图还是高德地图，地图类 APP 都已成为移动互联网时代的装机必备。而地图类 APP 不仅是导航工具，也是营销平台。

图5-4 百度地图上的商家信息（麦当劳）

如果顾客有就餐需求，也会顺手点击餐厅，查看详细信息，如图5-4所示。

如图5-4所示，当用户在百度地图点击商家页面时，就可以看到完整的商家信息，包括地址、电话、推荐菜、用户印象和评论等。

在简单的搜索和点击之间，顾客可能就已经确定了就餐选择。因此，地图营销的重要性不容忽视，你必须让顾客时刻都能找得到你。

那么，如何占据地图营销平台呢？我们以百度地图为例进行说明。

（1）打开百度地图并登录百度账号，在百度地图的左下角即有"商户免费标注"功能。

（2）如果你的商户已被标注，你可以选择商户并点击"我要认领"；如果你的商户尚未被标注，则可以点击右侧的"免费添加标注"。

（3）点击之后，填写或完善你的商户信息，并按要求上传营业执照。如果有的话，也可以上传资质照片，点击提交。

（4）在"我的商户"中，你可以看到标注申请的审核状态，等待系统审核。

（5）审核通过之后，你可以在商户中心的"营销管理"中添加公告、图文、优惠券等信息。

5.2.2 合作营销，如何与各大信用卡平台合作

一直以来，由于获取信用卡平台的合作信息十分麻烦，所以很多用户在享受信用卡优惠时更多是随缘，往往是在进入餐厅之后，用户才发现这家餐厅与哪家银行信用卡有合作。

时至今日，在移动金融迅猛发展的形势下，各大银行也正在以信用卡为核心拓展移动生活的布局。用户也开始习惯通过银行 APP 获取优惠信息，进而做出消费选择。

因此，与各大信用卡平台的合作营销在当下也更具价值。目前，最受用户欢迎的信用卡无疑是招商银行和交通银行的信用卡，其中，招商银行信用卡累计发卡量已经破亿张。下面我们将对这两家信用卡平台的合作营销进行分析。

1. 招商银行——掌上生活

招商银行信用卡一直有很好的声誉，其"掌上生活"是十分实用的一款APP，用户数已经突破 2 000 万。这款具备生活缴费、充值、购物优惠等多种功能的 APP，最关键的功能就在于购物优惠。借助该功能，用户可以享受招商银行信用卡用户的独家优惠折扣，也可以使用积分兑换商品。

需要注意的是，如果商家想要入驻招商银行"掌上生活"，目前仍无法在线自助入驻，你需要进入招商银行官网，查找所在城市的顾客经理，办理加盟手续。但在申请加盟之前，你需要了解招商银行"掌上生活"的基本加盟要求，具体如下：

★对于产品及品牌的基本要求：

（1）有良好的品牌声誉，在行业内有一定知名度；

（2）产品质量优良，生产商有严格的产品质量控制体系；

（3）生产厂家有完善的售后服务系统，能为最终用户提供及时、优良的售后服务；

（4）产品需满足国家各种强制认证、规定及要求（包括但不限于3C认证、产品标识等）。

★对于供应商的基本要求：

（1）提供有竞争力的价格及政策，能够保证稳定的货源；

（2）代理商需能提供所代理产品的有效品牌授权文件，厂家需能提供所生产产品的商标注册文件；

（3）能提供有效的公司证件（营业执照、税务登记证、组织机构代码证）；

（4）具备一般纳税人资格，对于所有供应的产品均能提供发票，且发票内容与实际采购货物一致；

（5）提供价格保护、滞销产品退货以及良好的售后服务支持。

2. 交通银行——买单吧

与招商银行类似，交通银行在提升信用卡用户使用体验的过程中，也推出了"买单吧"APP，为用户提供移动支付功能。其中同样融入了交通银行的优惠商户信息，为信用卡用户提供优惠折扣和积分抵现、换购等服务。

然而，与招商银行不同的是，为了提高"买单吧"APP的市场效用，交通银行"买单吧"并不仅仅为交通银行的信用卡用户提供服务。其支持的银行卡种类超过180种，以往只有交通银行信用卡用户才能享受的商户特惠，如今也已经面向所有注册用户开放。

另外，交通银行"买单吧"APP还与全国5 000多个商家合作，推出免费WiFi功能，为用户提供真正安全的免费WiFi服务。

在交通银行的移动支付布局中，"买单吧"APP无疑被塑造为独立的移动支付工具。而信用卡用户专享的特惠，以及安全的免费 WiFi，也让其发展空间更为广阔。当然，如果你想入驻交通银行"买单吧"，同样需要联系各地的顾客经理，才能办理商户加盟。

5.2.3 外卖营销，如何让顾客经常光顾

在外卖成为常态的餐饮环境下，越来越多的顾客开始热衷于"足不出户吃美食"的消费体验，在火锅都能提供外卖服务的当下，你必须主动投身外卖平台，走出一条成功的营销转型与创新之路。

外卖市场的竞争已经稳定，而顾客对外卖的核心诉求也在逐渐转变，由追求优惠变为追求品质。在这一前提下，入驻外卖品牌的餐厅也可以凭借更加出色的外卖服务，让顾客提高光顾频率。

以火锅外卖为例，很多人都有在家 DIY 火锅的经历，但都存在这样的痛点：需要相应的锅具炉具，而且食材采购麻烦、处理不便。因此，火锅外卖也存在相应的市场，但其中同样存在锅具炉具费用的问题。

如海底捞在推出外卖服务时，向有需求的顾客收取锅具炉具使用和回收费用（50 元）。这样的使用成本无疑将很多顾客拒之门外。

有些火锅外卖店则创新性地推出锅具炉具免费套餐，免费赠送一套锅具炉具，如图 5-5 所示。

图5-5 火锅外卖的免费锅具炉具

虽然只是简单的锅具炉具，但套餐却着实超值，因为餐厅根本没有将锅具炉具的成本计算在套餐内。这样的套餐实际上只能保本，其背后的逻辑正是"赔本赚吆喝"。

以免费的锅具炉具吸引顾客体验自家产品，如果食材确实优质、新鲜，那你就完成了"交朋友"的环节，之后的重复购买也就水到渠成。

1. 以优惠产品"交朋友"

在实体店就餐时，顾客大多会选择有一定知名度的品牌，但在点外卖时，顾客则勇于尝试新鲜品牌。因此，在进行外卖营销时，一定要设计一两款用于"交朋友"的优惠产品。

比如折扣较大的主打菜品，既要确保菜品质量，也要让顾客感到超值。以此为基础，配合外卖满减等活动，则能将顾客引流至其他菜品，从而满足盈利需求。

2. 以创新产品"攒交情"

外卖与堂食的最大区别就在于就餐时间的不确定。从菜品出炉到配送至顾客手中，可能已经过去半个小时。在这段时间里，菜品的口味也可能大减，尤其是汤面、汤粉类菜品更是如此。

因此，在进行外卖营销时，一定要考虑到外卖本身的特殊性，对菜品进行创新，从而与顾客"攒交情"。如果无法确保菜品到达顾客手中的效果，最好不要将之加入外卖菜单中。

此时，你可以自己在餐厅里做实验，将菜品装入外卖包装盒中经过半小时到一小时，再品尝菜品味道——如存在偏差，可做出创新改善；如无可救药，则干脆放弃。

5.3 视频营销，让餐饮爆品病毒式传播

5.3.1 宣传片营销，让顾客乐于传播

宣传片本是制作电视、电影的表现手法，但时至今日，大到国家、小到个人，都可以制作宣传短片。你可以借助这些宣传片，以声情并茂的形式展现自己的独特风貌。

在视频营销时代，餐饮店同样可以借助宣传片，从各个层面有重点、有针对性地对自身进行宣传。

从内容上来看，宣传片主要分为两种，一种是企业形象片，另一种是产品直销片。前者全面诠释了餐饮店的企业文化，后者则凸显了餐饮店的菜品特点。

当然，普通餐饮从业者大多是宣传片拍摄的外行。因此，委托专业的制作公司进行宣传片制作，才是更加稳妥的方式。

一般而言，宣传片的制作流程分为五步，如图 5-6 所示。

图5-6 宣传片的制作流程

1. 业务沟通

在与制作公司的前期沟通中，你必须详细阐述你的需求，包括项目定位、内容、效果和预算等。而制作公司则会根据市场情况和专业技术，针对你的需求提出解决方案。

只有基于充分的沟通，后期的宣传片制作才能顺利进行。

2. 项目策划

在确定宣传片的制作需求之后，制作公司则会根据要求制订项目策划案，包括拍摄时间、内容、计划以及可能遇到的困难等。

通常来说，餐饮店宣传片主要涵盖 5 个方面的内容，即具有文化气息的片头、关于企业信息的介绍、展示企业产品的重点、需要展示的其他信息以及展望未来的片尾。

对于制作公司的项目策划，你仍需与其具体讨论，提出修改需求，并最终确定整体方案。

3. 现场拍摄

接下来制作公司就可以根据项目策划的内容进行现场拍摄。如遇到拍摄问题，则要及时协助解决。

4. 后期制作

宣传片的制作关键就在于后期的制作过程，包括剪辑、配音、特效等。

5. 播放宣传

针对制作公司的成品，你可以进一步提出意见并进行讨论。如有修改需求，则可以要求制作公司按要求修改直至完成制作，然后选择合适的播放渠道进行播放宣传。

5.3.2 直播营销，精准引流带来旺盛人气

近年来，直播平台成为当之无愧的风口。各大直播平台的崛起，造就了无数网红明星，成为新的流量池。而如此巨大的流量池，也为餐饮店视频营销带来了新的可能。

与事先制作好的宣传片相比，直播视频的最大特点就在于现场实时呈现这一形式。直播的核心价值就在于有效聚集注意力，进而实现精准引流。

事实上，在各大直播平台上，很多餐饮店都已经做出营销尝试。他们的做法通常无外乎以下两种。

1. 菜品制作直播

正如各类美食节目一样，餐饮店同样可以尝试直播菜品的制作过程，并在这个过程中进行相应说明，调动顾客兴趣。

2. 网红进店直播

相比于"素人"，网红无疑可以吸引更多流量。因此，餐饮店可以邀请网红进店直播，既可以品尝美食，也可以学习菜品制作，让餐饮店一起出镜。

餐饮店的主要直播营销方式还有很多，与宣传片营销不同的是：在全程直播的环境下，视频制作的难度也极大增加，稍有不慎，就可能发生直播事故，而且很难掩盖。

因此，在进行直播之前，你一定要设计好台本，并要求主播具有一定的台词功底和互动能力。只有如此，才能在直播互动中通过精准引流的方式，为餐饮店带来旺盛人气。

5.3.3 抖音营销，粉丝聚集传播优质口碑

抖音是目前极火爆的短视频 APP。目前，抖音国内日活跃用户已经突破 1.5 亿，月活跃用户更是超过 5 亿。

与此同时，在短短一年间，抖音的短视频内容也从最初的舞蹈、运动等拓展至美食、人文、亲子、旅行等多个领域。这种拓展是抖音用户数骤增的关键，也是餐饮店抖音营销的基础。

据统计，抖音的用户具有如下特点：近 50% 的用户年龄在 24 岁以上；60% 的用户为女性；超过 60% 的用户有大学学历；40% 的用户生活在一二线城市。

此外，抖音用户平均每天在该 APP 上花费 20.5 分钟，若以每个短视频 15 秒计算，即 82 个视频。

综合上述数据，我们可以轻易地发现，抖音用户正是大多数餐饮店最理想的顾客：有钱、有闲的年轻顾客。

虽然抖音上的这些顾客更喜欢"潮""酷"这样的文化标签，但从营销角度来看，每家餐饮店在每个营销平台都应维持统一的"人设"。否则，就算你改变形象聚集了一些粉丝，但由于与你的餐饮店形象不符，最终也无法将其转化成忠实顾客。

抖音营销是时下聚集粉丝的最好方式。但在使用抖音营销时，你首先应当明确账号定位，进而确定账号人设和内容主线，并遵循这一基本原则展开营销，录制优质短视频内容、传播优质口碑。

5.4 社群营销，精准聚集顾客，持续消费

5.4.1 社群构建，营造精准顾客流量池

近几年，在社交网络的深化发展中，借助微博、微信等社交平台，就能够直接与顾客进行互动，展开营销。随着各平台社交黏性的逐渐增强，社交平台不再只是单纯的娱乐、社交工具，而开始颠覆传统的商业模式和消费者行为。

社交网络对商业模式的重要影响就在于逐渐流行的社群概念，以及随之形成的社群经济概念。

社交平台连接一切的特性，让人与人之间的互动变得更加频繁。而社交平台的力量则足以在一夕之间迅速强化或摧毁某个品牌。

因此，传统的餐饮行业也应开始尝试构建社群，塑造精准顾客的流量池。

1. 理解社群营销新形式

社群营销已经成为移动互联网时代最重要的营销方式之一，但对于传统的餐饮行业而言，这仍然是一个新概念、新形式。究竟何为社群？又如何营销？

简而言之，社群营销就是商家借助社交工具将目标顾客聚集在一起，构建社群并有效运营，在其中展开营销活动，以最终达成营销目的。

霸蛮（伏牛堂）是全国很火的米粉店，也是餐饮店理解社群营销新形式的

恰当案例。

一家传统的湖南米粉店却可以在北京成为网红店，关键就在于它背后的"霸蛮社"社群。这个社群的主题就是北漂湖南年轻人生活社区。

对这个社群的用户而言，霸蛮的米粉或许不是最好吃的，但却是最纯正的，融入了最浓厚的家乡气息。其实，这种气息并非源自一碗米粉，而是源自霸蛮社的社群互动。

霸蛮社最突出的一个特点就是：任何用户加入社群都要走一个较为复杂的流程，并经过一系列的考核，群主会和每个入群用户聊天，通过了解其真实情况以及对社群文化的认可度，判断其是否具有"入群资格"。

正是通过这些细节，霸蛮营造出强烈的地域文化氛围，精准顾客也因此形成了强烈的身份认同。

总体而言，相比于传统营销模式，社群营销的优势十分明显，如图5-7所示。

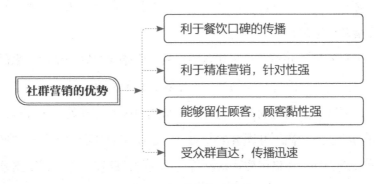

图5-7 社群营销的优势

2. 多元化营销载体

在移动互联网时代，多样化的社交工具为商家提供了多元化的营销载体。商家若合理运用这些工具，则更能形成"组合拳"，以达成营销目标。

有些餐饮人误以为社群只是微信群，其实，除了微信群，微博、贴吧、QQ群、论坛等都是有效的社群营销载体。

至于如何选择和组合，关键在于精准顾客的社交偏好。

一般而言，学生使用 QQ、贴吧较多，年轻人更热衷于刷微博，中老年人大多只会使用微信，专业领域人士则以论坛为主。不同领域又有细微差别，这些都需要深入研究、摸索。

3. 精准顾客流量池

无论采用何种社区营销载体，其直接目的就在于塑造精准顾客流量池，也就是将精准顾客集中在一起，就如鱼塘养鱼一般。

构建社群就是打造一个这样的"鱼塘"，让精准顾客聚集在一起，以更具针对性的营销手段，激发顾客的消费欲望和传播能力。在培育忠实顾客的同时，让顾客帮你做传播。

5.4.2 社群运营，给顾客留下来的理由

社群经济已经成为常态，每个顾客都可能被拉入各种各样的社群，如美食社群、旅游社群、职场社群等。你必须让你的社群脱颖而出，否则，顾客就可能慢慢冷落乃至退出社群。

社群运营的关键并不在于实现营销目的，而是给顾客一个留下来的理由。只有让顾客留下来，才有后续的推广、培养和其他故事。

如何让顾客留下来进而充分调动其参与热情呢？答案就在于社群归属感。

社群的稳定发展离不开顾客的归属感，这就需要社群给予顾客"家"的感觉。简单来说，就是凭借优质活动维持社群内的活跃度，进而营造出社群独有的文化氛围。如此一来，顾客自然不会轻易"离家出走"。

1. 定期组织暖场活动

为了让社群保持一个热闹的氛围，你不能有一丝懈怠。互联网市场的瞬息万变，在社群中同样可能出现：前几天大家还聊得很开心，过几天就没人了。

因此，你必须定期组织暖场活动。根据社群属性的不同，可以选择的暖场活动也有很多。

对顾客属性而言，如果你的顾客都是朝九晚五的上班族，你就可以在每天清晨的固定时间在社群内发布一条"清醒语录"，以风趣、轻松的语言，快速唤醒用户，让顾客以轻松愉悦的心情进入工作。

对社群主题而言，如果你的社群主题是"美食会"，那么你就可以举办"美食分享"活动，让顾客分享各自的美食经历，并进行周度或月度评比活动，让顾客主动分享、深入互动。

2. 适时举办大型活动

暖场活动毕竟都是"小打小闹"，无法有效钓出"潜水党"。因此，在借助暖场活动维持社群活跃度的同时，还要适时举办大型活动，以引爆社群活跃度。

对于举办大型营销活动，餐饮人大多有自己的心得。无论是新品发布、店庆大促还是餐厅聚会，都是十分有效的活动方式。

关键是如何才算适时？

很多人对活动举办时机的判断都是基于市场时机，如国庆节、春节等节日。然而，你必须明白，社群营销中的活动对象是精准顾客，而不是外部的广大群众。

因此，对你而言，最恰当的活动时机是针对社群顾客量身定制、得到社群认可的时机，比如老年人更重视中秋节、年轻女性更关注"女王节"。也只有在这样的时点才能赢得社群成员的高度参与。

5.4.3 社群推广，让广告变得天衣无缝

在付出大量时间和精力构建、运营社群之后，很多餐饮人已经迫不及待地想要将流量变现。社群推广是流量变现的关键，但也是很多社群失败的根源。

社群之所以能够留住顾客，正是因为社群运营营造出的归属感。而盲目的社群推广，则会迅速拉开社群与顾客的距离，让顾客认清社群背后的本质，因而对社群敬而远之。

然而，餐饮店构建社群的最终目的是营销。该如何缓解这之间的冲突呢？

1. 巧妙植入推广信息

社群推广的关键就在于巧妙植入，让广告变得天衣无缝。

有一家老北京炸酱面馆在社群里分享了这样一个故事。

有3位顾客来面馆吃面，点完就听到跑堂吆喝道："6号桌，炸酱面3碗！"

等吃完结账时，一共49.6元。一位顾客就说："给你50，别找了。"跑堂接过又吆喝一声："6号桌有客赏小费4毛！"

店里其他顾客听了都往6号桌这边看，这位顾客有些脸红，又说："得嘞，那4毛你还是找给我吧。"没想跑堂的又吆喝道："6号桌，4毛小费要回去了！"

…………

这当然只是一个笑谈，但这样的段子却能引起用户的关注。而在这一关注当中，精准顾客也能抓住其中的关键：看这跑堂吆喝的故事，就知道这是一家地道的老北京炸酱面馆。

这就是社群推广，一切都在不知不觉中进行，你的精准顾客自然能抓住推广的核心。

2. 将推广打造为社群活动

巧妙植入需要许多心思和创意，如果你实在想不到，也无需着急。我们可以换一个思路，将营销推广打造为社群活动。

比如在推出新品时，很多餐饮店会举行优惠品尝活动。但此时，你不妨将之变为"社群专属活动"：只有具有社群身份的顾客，才能第一时间免费品尝到餐饮店新品，而且还有为新品命名的机会。

甚至更进一步，你可以直接让社群顾客参与到菜品开发、设计的过程中。这样不仅能加强菜品的推广效果，也能从他们身上获取有效建议，一举两得。

目前，不少互联网公司在新产品构思阶段就开始向用户征集创意，往往也能收到很好的效果。因为在这个过程中，用户会关注产品研发的每一个阶段，随着新品面世时间的临近，他们的购买欲望也会越发强烈。

对于社群用户而言，这种提供建议的过程就像是一种 DIY 的过程，因此他们也会更加珍惜与社群"共同开发"的产品，类似方式同样可以运用到餐饮社群当中。

5.4.4 粉丝培养，如何培养餐饮店忠实粉丝

对品牌而言，构建社群是聚拢精准顾客的必要手段。然而，对顾客而言，加入社群又能获得怎样的收益呢？他们为何要成为餐饮店的忠实粉丝呢？

关键其实不在于社群中的一些物质收益，而在于社群赋予的身份价值。

社群是给予顾客身份情感认同的最佳方式。在用户的相互交流中，社群成了一部分同好的小圈子。而在这个小圈子里，用户追求的并非高人一等的身份等级，而是独特的身份价值。

谈及培养社群粉丝，罗辑思维的成功不可不提。

2013 年 8 月，当罗辑思维正式开始实施会员制时，"会员服务无特殊区别"的模式受到了很多非议：普通会员与铁杆会员之间的服务区别并不明显，且不保证会员享受到服务。这也被称为"史上最无理会员方案"。然而，当会员名额开放购买后，短短 6 个小时内，5 500 个名额就已告罄，罗振宇也凭此获得160 万元现金收入。

罗辑思维的成功在于它的自身定位——"集结爱智求真、积极上进、自由阳光、人格健全的优秀人类"，为其快速吸引了大量此类用户。这些人愿意独立思考并期待与他人分享交流，罗辑思维为他们提供了一个聚集地，他们也能借此强化自身"独立、学识、互动、思考"的标签。

培养粉丝的过程就是营造社群身份价值的过程。霸蛮的身份价值是"北漂湖南人"，你也要为你的精准顾客找到这种身份价值。

粉丝培养主要可以从三个角度着手。

1. 找到"亲人"的归属感

"社交网络正在让人变得更加孤独"，在无限的社交网络中，很多人仍然未能找到一个志同道合者。社群却能将用户聚集在一起，让他们在相互交流与

分享中感受找到"亲人"的归属感。

在餐饮店社群中，更应耐心引导顾客之间的互动，切忌表现得过于功利。

事实上，精准顾客必然在多个维度上具有相似性，才会被纳入目标顾客群。那么，他们自然也会有许多共同话题，你所要做的只是引导而已。

2. 感受适宜的圈子文化

在移动社交时代，很多人都感受到社交网络带来的海量信息。然而，在人流汇集的社交网络中，其平台文化氛围也不尽如人意。此时，社群则能够通过组建专属的小圈子，为用户提供更加适宜的圈子文化。

根据餐饮店精准顾客的属性不同，这个圈子里可以都是文艺青年，也可以都是知识分子，或是都关注政事，或是只聊美食勿论其他……在这样的专属圈子中，其文化氛围也更加舒适。

3. 了解商业背后的故事

在餐饮行业，餐饮店与顾客一直是"一手交钱、一手交货"的买卖关系，餐饮店不会关心顾客的人生故事，顾客也不太会主动了解餐饮店的经营故事。

但是，商业关系背后的故事，往往更能将餐饮店与顾客联系在一起。

身处社群当中，你不妨走出吧台与顾客坐在一起，聊聊这样那样的故事。在深入交流中，你可以与精准顾客共享身份价值，营造文化氛围。

5.4.5 社群红包，让社群气氛时刻活跃

微信红包的出世为人们提供了一种全新的社交方式，也为人们带来了无尽的乐趣。而随着微信红包的火爆，各大社交平台也都推出了自己的红包产品。因此，你也要熟练运用社群红包，活跃社群气氛。

没有人不喜欢抢红包，而在一个冷清的社群当中，红包则是最能调动社群气氛的工具。但如果仅仅是发红包，久而久之，你的社群当中也只剩一群坐等红包的"僵尸粉"而已，你的付出根本难以发挥应有的价值，

那么，要如何利用社群红包做营销呢？

1. 见面红包

当你添加了新好友，或是将新用户拉进微信群时，为了给对方留下深刻的第一印象，最简单的方法就是给新群友发放"见面红包"。

为了加强营销效果，你的见面红包可以以优惠券的形式发放。但要注意的是，如果只是优惠券，那应当拥有足够诱人的优惠幅度。

2. 代替抽奖

微信红包不仅是一个红包，也是一个凭证。一般而言，根据抢红包记录，你可以知道哪些用户是你的活跃粉丝。因此，你就可以采取抢红包代替抽奖的营销模式。

具体而言，你可以在发红包前发布规则：每个抢到该红包的用户，均可以获得一份礼品；"手气最佳"或"手气最差"的用户，可以得到一份大奖。借此活动，你可以吸引群友参与，并将产品作为奖品，顺势推销。

3. 接龙游戏

接龙游戏是最火的微信红包游戏，这种营销模式可以有效激活你的微信群的活跃度，其成本效益比较高。

一般而言，红包接龙游戏的第一棒都是作为群主的你，之后的接力玩法则有两种：第一种，由"手气最佳"或"手气最差"的用户接力；第二种，由"手气最佳"或"手气最差"的用户指定某人接力。

微信红包的游戏方法有很多，但游戏方法不在于多，而在于精。如无特殊需求，最好选择最常见的红包接龙游戏即可。

4. 培养"代理"

社群营销离不开"代理"的帮助，毕竟一个人的精力有限，但太多的社群运营维护人员同样是一种负担。而社群红包则是发展"代理"邀请新顾客的有效方式。

既然是"代理"，就要给予一定的利益刺激。比如私发红包或群发大红包，甚至于制定"绩效方案"，根据微信群的用户数量或私加好友的数量，抑或最终成交的营业额，给予"代理"一定比例的红包提成，最终达到迅速传播的目的。

5.5 微信营销，让餐桌直达顾客朋友圈

5.5.1 人设塑造，让餐饮店的形象人格化

目前，微信的用户数已超过 10 亿。对于投身社群营销的商家而言，微信已成为塑造精准顾客流量池的关键阵地。尤其是随着微信小程序的发布，在微信公众号、订阅号、小程序的营销矩阵中，你的餐桌也能直达顾客朋友圈。

在社群营销的大趋势下，每个产品或品牌都可以拥有"喜怒哀乐"，给予社群粉丝更加生动的体验。

时至今日，要善于做"人"的不仅是餐饮店管理者，还包括餐饮店、产品、品牌——可以与顾客产生互动的一切。

微信本质上是一款人与人之间联系的社交工具，而非人与商家之间的商业工具。因此，在微信营销中，你首先要让顾客触摸到你的温度，通过塑造人设，让餐饮店的形象人格化。

如何让餐饮店的形象人格化呢？

最简单的方法就是以拟人化的形象展示社群、品牌或产品、服务。

如今的互联网企业大多有着卖萌的"趣味"，比如自称"知乎君"的知乎，自称"雷娘"的迅雷，还有社群营销高手"小杜"杜蕾斯。

与这些品牌的"孤军奋战"相比，阿里巴巴则是抱团上阵：支付宝、淘宝、天猫、芝麻信用……众多产品公众号频繁进行互动，通过互相评论、转发的方式，将集团各产品间的关系塑造成"朋友"关系，从而深化整个阿里阵营的拟人化形象。

很多餐饮人对此感到头疼。但其实，社群的运营同样是由人来操作，那么将人的人格赋予品牌，有何不可呢？

具体而言，人设塑造可以从以下三个细节着手。

1. 拟人化的昵称

微信拟人化形象展示的第一步就是为自己取一个好记的昵称。在社群粉丝经济时代，各种"××君""××娘""小××"已经到了烂大街的地步。鉴于此，如果你能够起出更具创意的昵称，当然更好；如果不行，也不用执着于创新，以免贻笑大方。

昵称只是一个代称，合适即可，无需纠结。

2. 拟人化的形象

为了进一步深化拟人化形象，你还可以为餐饮品牌量身定制卡通形象。在一般的商业运营中，每个品牌都有自己的商标或LOGO；而在社群中，则可以对社群品牌进行再创作，在保留LOGO图标主要元素的同时，对其进行拟人化改造。

如迅雷的图标是一只蜂鸟的形象，蜂鸟的小、快、可悬停等特征，十分符合迅雷这款下载工具的特色。而在人设塑造中，迅雷再次对蜂鸟进行了卡通化的改造，将其变作一只睁着大眼睛的蓝色蜂鸟，让人感受到"萌气"袭来。

3. 拟人化的内容

拥有了拟人化的昵称和形象之后，在微信互动中就应该尽可能地发布拟人化的内容。

首先，多使用主语，如"我"或以昵称自称。

其次，让宾语更生动，比如对用户的称呼，可以使用"同学""童鞋""筒子"，或者是你的社群用户代称，如小米的"miboy"等。

另外，多使用语气词。

在微信营销的人设塑造中，关键就在于拟人化，为品牌赋予人格。但最重要还是内容。这就需要你的运营人员能够站在品牌定位的基础上，在传播品牌文化的同时，让用户感受到温度。

5.5.2 信息推送，别让广告骚扰了顾客

无论是社群运营还是微信营销，成功的重点并不在于营销本身，而在于通过高质量的活动与互动，让顾客在参与中沉淀下来，成为餐饮店的忠实粉丝。也只有这些忠实粉丝，才能为社群带来远超预期的惊人效益。

因此，在微信营销的信息推送策略中，你一定要牢牢把握底线——以顾客的体验为先。

1. 顾客坚强又脆弱

经过初期运营，顾客对品牌已经具有较强的认同感。因此，他们会添加餐饮店运营的微信。而在微信社群中，你甚至能逐渐培养出"死忠粉"。

然而，我们不能天真地以为"一日入群，终身在群"。事实上，正是因为这种认可和信赖，顾客一旦受到伤害，他们就会离开。而大规模的"退群""取消关注"，则是微信营销最重大的危机。

因此，在将营销信息推送给顾客之前，先要调查清楚顾客的需求。通过分析他们浏览品牌信息、参与社群推广的频率，明确顾客对产品、品牌的关注度以及对营销信息的接受度，再有针对性地进行消息推送，如图5-8所示。

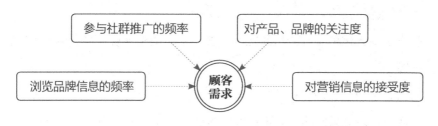

图5-8 要关注顾客需求

2. 信息推送要趁早

在充分分析之后，当你认为顾客可以接受你的营销推广时，要趁早推送。餐饮店的每个营销活动都有时效性，而提前的造势必不可少。此时，你可以将微信群作为第一发布渠道，让顾客感受到"一手消息"的特殊待遇，进而增强其归属感。

5.5.3 情感链接，成为顾客的知心朋友

餐饮店以微信为阵地打造的社群必然要承担营销的重担。但在微信营销中，营销并非终极目标，与顾客建立情感链接才是。而在你成为顾客的知心朋友之后，所有的营销目的也将水到渠成。

无论是人设塑造还是信息推送，都可以借助各种手段和技巧让顾客触摸到品牌温度。但想要真正与顾客建立起情感链接，则需要站在"人"的角度与顾客真诚地沟通互动，才能让你的微信形象"活"起来。

在与顾客的沟通中，你必须要做到真诚。在平等沟通中不过度宣传，也不过度回避，才能与顾客建立真正的社交关系。

1. 学习成为聆听者

当传统商家已经习惯成为"倾诉者"，向消费者"倾诉"自己的品牌、产品和服务时，在微信营销中，你要开始学会成为"聆听者"，"聆听"顾客的需求。

如此一来，顾客才会信任你，而你也才能真正挖掘和满足他们的需求。

2. 切勿成为营销者

微信是营销的重要渠道，但身在其中，你要明白，即使有再多的微信关注，如果没有转化，也是一种失败。

在与顾客的沟通中，切忌成为营销者，尽量以助人为目标，与顾客建立深厚关系，从而获得顾客的主动关注。

3. 发扬分享精神

你应该将微信公众号打造为行业资讯分享平台，将小程序打造为美食分享工具。当顾客关注你的微信、加入你的社群时，他们也会关注品牌之外的相关信息。此时，你可以主动分享，让顾客获取有价值的资讯。

当然，你也可以适当做出舆论引导，提升自身形象。

4. 切勿诋毁侮辱

在社交平台上，你可以选择不传播"友商"的正面新闻，但切忌大肆曝光"友商"的负面新闻，更不能主动诋毁"友商"。

在社群运营中，无论是对顾客、友商还是群外人士，都要表现出足够的尊重，以免损害自身形象。

5. 有足够的耐心和魄力

让顾客触摸到品牌的温度，就要让顾客与品牌及餐饮店之间建立关系。这需要你用图文、视频内容、活动、运营等各种要素和方式不断培育关系，对此，必须具有足够的耐心和魄力。

5.6 文化营销，让餐厅不仅仅是吃饭的地方

5.6.1 漫画营销，让用餐成为娱乐活动

2016年8月，麦当劳尝试了前所未有的营销方式——漫画营销"艾木娘の不思议之旅"。

在很多传统餐饮人看来，这个营销活动的名字就已经令人困惑，而其活动内容更是不知所谓。

其实，所谓"艾木娘"就是"M娘"，所以这个活动翻译过来就是"麦当劳不可思议的旅途"。为何要创造这样一个形象呢？

"艾木娘"形象是网易漫画为麦当劳点餐机独家定制的二次元形象。在内容上结合麦当劳实景进行剧情创作，用二次元的方式构建用户情感羁绊，引爆话题讨论。

这个很多中老年人无法理解的漫画营销活动，却让网易漫画得以斩获金投赏（ROI Festival）"银奖"、第15届中国杰出品牌营销奖和TMA（Top Mobile Awards，移动营销大奖）的全场大奖等多个重要奖项。

近年来，二次元文化异军突起，逐渐由边缘文化融入主流文化。据调查，全国泛"二次元"人群已达2亿。虽然规模有限，但值得注意的是，如今的消

费主力"90后"在其中的占比却高达94.3%。

这些数据也证实了漫画营销的重要性。它针对的对象本就不是传统顾客，而是为了在与二次元的结合中让用餐成为娱乐活动，从而吸引年轻顾客的目光。

如果你的目标顾客群同样是年轻的"90后""95后"群体，那么，漫画营销则是最能引爆话题的营销方式之一。

5.6.2 游戏营销，让顾客爱上餐饮店游戏

在首届"中国互联网移动社群大会"上，腾讯QQ联合企鹅智酷发布了《中国移动社群生态报告》。该报告显示，在移动社群生态中，同事、朋友类关系群占比仅三成，而兴趣群占比高达66.4%。其中，以手机QQ兴趣部落为例，游戏类兴趣部落聚集的用户数和访问量都居于首位，明星类居于第二位。

游戏能够极大地激发用户的参与热情。那么，在餐饮营销中，你该如何借助游戏的力量呢？

1. 设计社群小游戏

当营销逐步走向社交平台，你也可以依靠各大社群平台自带的功能，设计一些社群小游戏。

比如将红包改造为红包接龙、抽奖等游戏，或以"掷骰子"为基础的真心话大冒险，或"谁是卧底"小游戏等。

这些简单的小游戏既方便用户参与，又节约运营成本，是社群专属小游戏的合适模板。

2. 组织游戏活动

分析精准顾客的属性，他们可能也有共同的游戏爱好。比如四川火锅店的顾客可能都喜欢打麻将，休闲餐厅的年轻顾客则热衷于王者荣耀或桌游。

此时，你可以以餐厅的名义组织游戏活动，如"××杯麻将大赛"。此外，为了进一步发挥游戏的活动效果，还可以定制印有品牌LOGO的文化衫，或带有产品图案的纸牌等。

3. 开发或投资 H5 游戏（小程序）

简单来说，H5 就是移动端的 Web 页面。而 H5 游戏可以看作是移动端的 Web 游戏，用户无需下载客户端就可以参与体验，这就是 H5 在传播上的优势。事实上，微信小程序就是一种 H5 产品。

开发 H5 游戏看似很高端，但它的开发门槛其实很低。在移动互联网迅猛发展的今天，委托专业公司代为开发也无需太大成本。

如果担心自己开发的 H5 游戏水平不高，也可以选择投资别人的 H5 游戏。通过冠名、广告植入等手段，让顾客爱上你的餐饮店游戏。

5.6.3 热点关联，把餐厅文化融入热点

在文化营销时，无论采用哪种营销方式，都要遵循一个原则，那就是将之与热点关联。

文化营销是最能营造餐饮店品牌价值的营销方式。而要通过营销赋予餐饮店更大的价值，那就离不开借势热点之后更为广泛的传播。

那么，餐饮店要如何实现与热点关联呢？

1. 紧跟时事热点

尽可能地紧跟时事热点，从而展现时效性。与此同时，也能够让你的营销信息借势传播。在信息大爆炸的今天，时事热点并不难找，难点在于如何选择。

你可以选择被大众普遍关注的时事热点，如"冰桶挑战"《复仇者联盟》等。为了借势，你既可以对时事热点进行评论解说，也可以只是将之作为关键词或是干脆对其进行再创作。

2. 深挖专业内容

如果热点本身与餐饮店强相关，那在热点关联的同时还要做好深挖工作，使其成为众多关联信息中最突出的一个。

比如阿尔法狗（Alpha Go）击败围棋选手李世石，这只是一个颇具科幻意味的热点新闻，每个人都在畅想关于人工智能的未来。而在此时，很多餐饮店

就引入了"机器人服务员""机器人问询机"等设备，顺势营销，试图让人们
来自己店里体验人工智能的科技感。

第六章

厨房管理：

管好后厨，门店盈利才稳健高效

6.1 厨政管理，将成本控制在合理范围

6.1.1 厨师长管理，让后厨有主心骨

厨师长是后厨的主心骨。好的厨师长就是餐饮店管理者的得力助手，能够帮助管理者把生意做得风生水起。

做好厨师长管理可以从以下几点入手。

1. 为员工构建愉快的工作氛围

后厨的工作不轻松，氛围轻松的工作环境会使员工心情愉悦，而心情的愉悦会带走身体的疲惫。

厨师长应多与员工沟通，及时表扬工作努力、表现优秀的员工。同时，也要积极鼓励工作稍有欠缺的员工，帮助员工调节情绪和工作状态，最终形成大家一起为工作快乐奋斗的局面。

2. 学会调动员工的积极性

厨师长可以在后厨开展趣味竞赛，这样有助于员工提升自我的专业技能，也能够激发员工的创造力，为餐厅开发出更多美味新品。

3. 厨师长应本着公平、公正的原则处理后厨事务

奖惩都有章程，对员工本着既不包庇也不过分表彰的原则。一碗水端平的厨师长，更容易获得员工的理解和配合。

4. 学会用巧妙的方式处理后厨的摩擦和矛盾

工作当中，小争论、小摩擦在所难免。一旦员工间发生了不愉快，厨师长应及时出面解决，避免小问题发展成可能影响到餐厅存亡的大问题。

6.1.2 操作管理，让后厨高效稳定

想要后厨保持高效稳定的状态，厨师长管理要发挥主心骨的作用。在实操当中，仍然需要严谨的厨政操作规范。

（1）在菜品制作过程中，应详细检查代加工的食品及食材，如有腐败变质或其他异常，都不得用来加工或使用。

（2）食材、熟食等各类食品应分类、分架储存，并保持仓库清洁。禁止存放有毒、有害物品或个人生活物品，并定期展开检查，及时处理问题。

（3）保持食品加工环境整洁，消除老鼠、苍蝇、蟑螂等有害生物。

（4）定期维护食品加工、存储、保温等设备及设施，确保其运转正常、计量准确。

（5）凉菜制作应符合专人负责、专室制作、工具专用、消毒专用等要求，避免细菌感染。

（6）用于餐饮加工的工具、设备，都应确保无毒无害，且分开使用、保持清洁。

（7）按要求对餐具进行清洗、消毒，并存放于专用保洁设施内；如采购集中消毒企业的餐具，则要仔细检验其经营资质。

6.1.3 标准化管理，后厨管理流程化与标准化

管好后厨，门店盈利才能稳健高效。而最有效的管理方法就是标准化管理。后厨管理流程化和标准化让每位厨房员工都能按照标准、流程操作，可避免食材浪费和安全事故。

1. 考勤标准

考勤标准是对厨房员工的基本要求，适用于后厨的所有员工。表6-1所示为某餐饮店厨政考勤标准，可做借鉴。

表6-1 某餐饮店厨政考勤标准

项目	内容
考勤	厨政部工作人员上下班时，必须考勤，严禁代人或委托他人代考勤
	穿好工作服后，应向组长或厨师长报到或总体点名
岗位要求	根据厨房工作需要，加班的厨师留下，不加班的厨师下班后应离开工作场所
	上班时要坚守工作岗位，不脱岗，不串岗，不做与工作无关的事，如会客、看书报、下棋、打私人电话等，不得带亲戚朋友到店内公共场所玩耍、聊天，不得哼唱歌曲、小调
	根据工作需要，需延长工作时间的，经领导同意，可按加班或计时销假处理
请假要求	因病需要请假的员工向厨师长办理请假手续，并出示医院出具的有效证明；若不能提供相关手续或手续不符合规定者，按旷工或早退处理。请假应写请假条进行书面备案
	需请事假的，必须提前一日办理事假手续，经厨师长批准后方可生效。未经批准的不得无故缺席或擅离岗位，电话请假一律无效
	婚假、产假、丧假按员工手册的有关规定处理
本制度适用于厨政部的所有员工	

2. 着装标准

虽然后厨员工不面见顾客，但也要遵守严格的着装要求，以确保卫生和安全。表6-2所示为某餐饮店后厨着装标准，可借鉴。

表6-2 某餐饮店后厨着装标准

项目	内容
衣服	上班时需穿戴工作服帽，在规定位置佩戴工号牌或工作证。服装要干净、整洁、工作时间不得露背敞胸、穿便装和奇装异服
	工作服应保持干净整洁，不得用其他饰物代替纽扣
鞋	上班时间需穿工作鞋，不得穿拖鞋、水鞋、凉鞋
其他	工作服只能在工作区域或相关地点穿戴，不得进入作业区域之外的地点，禁止着工作服进入前厅
	必须按规定围腰系带操作
违反上述规定者，按本店处罚条例进行惩处	

3. 检查标准

无论是考勤、着装还是后厨操作管理，都要制定相应的检查标准，包括检查频率、力度和相应奖惩措施等，从而推动厨房员工按照标准进行工作。表6-3 所示为某餐饮店后厨检查标准，可借鉴。

表6-3 某餐饮店后厨检查标准

项目	内容
检查内容	对厨房各项工作实行分级检查制，对厨房进行不定期、不定点、不定项的抽查；检查对象包括总厨、厨师长、组长、厨房员工
	检查内容包括店规、店纪、厨房考勤、着装、岗位职责、设备使用和维护、食品储藏、菜肴质量、出菜制度及速度、原材料节约及综合利用、安全生产等相关规章制度的执行和正常生产运转情况
各项内容的检查可分别或同时进行	卫生检查：每日一次，包括食品卫生、日常卫生、计划卫生
	纪律检查：每月一次，包括厨房纪律、考勤考核、店规店纪
	设备安全检查：每月一次，包括设备使用、维护安全工作
	生产检查：每周一次，包括食品储藏、出菜制度、质量及速度
	每日例查：每日两次，包括餐前、餐后工作过程，个人及其他卫生
处罚标准	检查人员对工作中发现的不良现象，依情节做出适当处理，并有权督促当事人立即改正或在规定期内改正
	属于个人包干范围或岗位职责内的差错，追究个人的责任；属于部门、班组的差错，则追究其负责人员的责任，同时采取相应的经济处罚措施
	对于屡犯同类错误，或要求在期限内改进而未做到者，应加重处罚其至辞退
其他	检查人员应认真负责、一视同仁、公正办事。每次参加检查的人员，对时间、内容和结果应做书面记录备案，检查结果应及时与部门和个人利益挂钩

4. 考核标准

考核工作是餐饮店管理的常规工作，也是推动后厨管理流程化和标准化的重要内容。一般而言，后厨考核可以每季度进行一次，由店长、厨师长协同人事部门进行考核，确保考核流程公开、公正。

在实施考核之前，后厨员工应当对考核标准有充分了解，进而在日常工作中按考核要求认真工作。考核人员也应实事求是，与被考核人员坦诚交流，从而保证考核效果。

在客观公正的考评基础上，餐饮店应根据每位员工的工作表现，按照既定政策给予相应的奖励或惩罚。

6.2 质量管理，菜品质量关系餐饮店的生死存亡

6.2.1 质量控制，要让菜品质量稳定

菜品质量的稳定与否，取决于食材采购、储存、加工等多个环节的质量控制。

1. 采购

好的食材品质是做出健康美食的基础。餐厅应选择大的渠道商或超市作为固定的采购渠道。小渠道商的原材料存在问题的可能性较大，且小商贩的监管和问责都没有大渠道商那样有保障。

2. 储存

食材的储存应当分类分区。这样不仅方便操作和管理，还可有效防止不同食材之间的相互催化。除此之外，应有专人对食材进行检查，及时处理过期、变质的食材。

3. 加工

不同菜品的加工应有明确的准则，例如浆糊类食材的浓稠程度、加工时间等，避免人为原因造成菜品质量的差异。加工时应有分类处理的工具，例如处理肉类和处理蔬菜类的工具应有所区分，避免造成食材的串味等问题。加工人员应首先判断食材是否新鲜，加工时应严格按照已有规定进行操作。

6.2.2 菜品筹备，让备菜与上菜无缝衔接

菜品最具质感的时刻必然是新鲜出炉的那一刻。而要保持菜肴品质，就要做好菜品筹备工作，让备菜与上菜无缝衔接。

1. 充分准备食材

根据餐饮店经营历史，厨房应充分准备相应食材，尤其是畅销菜。这样可以避免顾客点单之后出现食材不足的问题。

2. 做好提前切配

除海鲜、烤鸭等需现场烹饪的菜品之外，后厨应当做好提前切配，尤其是一些常用食材、配料，如肉丝、葱花等。

3. 随时对照订单

每个工作环节结束后，员工都应做好自查工作，对照订单核查配菜是否充足。如消耗较快，也应及时补充。

4. 打荷掌握节奏

厨房应专门设置打荷来掌握上菜节奏，如速度、顺序等。打荷应及时提醒后厨员工，并在上菜时与划单员协同配合。

5. 注意顾客要求

如顾客对菜品有细节要求，前厅服务员也应及时与后厨沟通，确保后厨按要求烹饪。

6.2.3 菜品更新，及时更新才能吸引顾客

顾客的口味在不断发生变化，所以餐饮店的菜品也应及时更新。老旧的菜品种类往往会让顾客失去新鲜感，进而对餐饮店失去兴趣。因此，在厨房管理中，也应将菜品更新作为重要环节。

1. 观察销售数量

对菜谱上的各色菜品，餐饮店应定期关注其销售数量，对受欢迎与不受欢迎的菜品及其原因进行分析，并以此作为菜品更新的依据。

2. 内部定期创新

在厨房管理中，内部创新也可以被纳入管理制度。比如每位厨师每个月要推出至少一道创新菜品，并在内部进行品鉴，如反映好，则可以继续推广并进

行小范围试吃……

6.2.4 菜品摆盘，要紧跟时代潮流

作为颜值的重要组成部分，菜品摆盘也直接影响到顾客对菜品的印象。即使再美味的菜肴，如果胡乱摆放在一个铁盆中，也很难勾起顾客的食欲。

在餐饮行业，菜品摆盘往往出现两种极端：一种是简单朴素的实干派，以高效方便为第一原则；另一种则是夸张绚烂的视觉派，以视觉创新为首要追求。

事实上，无论是简单朴素还是夸张绚烂，都有其可取之处。关键在于菜品摆盘特色是否符合餐饮店特色？能否紧跟时代潮流？否则，餐饮店就很容易诞生菜品"奇葩摆盘"，如图6-1所示。

借助有效的菜品摆盘，搭配合适的餐具，餐饮店能够为菜品创造全新的视觉效果，并成为一种高记忆点，推动顾客主动传播。

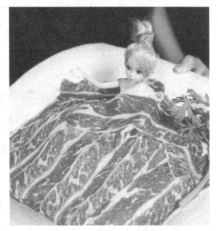

图6-1 菜品"奇葩"摆盘

6.2.5 菜品装饰，时尚大方还要成本低廉

对菜品进行点缀、围边，是菜品装饰的基本方法。有效的菜品装饰是提升菜品颜值的重要手段，如图6-2所示。

图6-2 菜品装饰

说起菜品装饰，很多餐饮店也会纠结：到底是要时尚大方，还是要成本低廉？

菜品装饰必然会加大成本，尤其是雕花、设计等，都需要专门人才。因此，餐饮店应充分考虑菜品装饰的必要性和重要性后，再做决定。

1. 协调一致

每家餐饮店都有各自的品牌定位，或高档，或雅致，或大众，其菜品装饰也应与餐饮店协调一致。

2. 实用为主

过度的菜品装饰饱受诟病的一大原因，就在于资源浪费，尤其是复杂的雕刻制品、面塑等。这些菜品装饰只能起到装饰作用，缺少实用价值。

无论餐饮店采用怎样的菜品装饰风格，都应以实用为主，最好是放置能够食用的装饰物。

3. 经济快速

菜品装饰的留存时间并不长久，加以成本、卫生等因素限制，餐饮店应更加注重效率，避免在菜品装饰上投入过多人力、物力、财力。

6.3 卫生管理，后厨卫生从来都是大事

6.3.1 卫生标准，要细致入微

后厨是餐饮生产的主要场所，后厨的员工、设备、工具都可能直接接触食品。因此，一旦后厨出现卫生问题，不仅会影响员工健康，更可能使食品受到污染，进而引发食品安全事故。

绝大多数餐饮店都有自己的卫生标准。但要注意的是，卫生标准并非简单的"保持整洁"，而应当细致入微，让员工认识到后厨卫生的重要性。后厨卫

生标准主要包括 4 个层面。

1. 环境卫生

后厨应保持环境卫生，包括天花板、墙壁、门窗、地面等，确保后厨环境无油渍、无卫生死角。

2. 食品卫生

无论是原始食材还是加工、半加工食品，都要保持新鲜、清洁、卫生。食品的放置、存储、取用、处理，都应当设定具体的卫生标准，确保食品安全。

3. 工具、设施卫生

后厨内的各类工具、设施都有可能直接接触食品，其清洁、消毒，也都要引起重视。

4. 员工卫生

卫生标准的核心就在于后厨员工。只有当后厨员工都知悉并遵守卫生标准，且主动保持个人卫生和后厨卫生时，才能真正让卫生标准得以实行。

6.3.2 卫生管理，要严格严谨

卫生管理事关重大，必须采取更加严格严谨的管理态度，确保后厨各项操作都符合卫生标准。为此，建议每家餐饮店都制订自己的后厨卫生检查表，并定期对后厨卫生进行检查，从而督促员工严格践行卫生标准。

1. 食品卫生

食品卫生，主要关注食品的卫生处理标准，表 6-4 为食品卫生检查表。

表6-4 食品卫生检查表

项目	内容	结果					备注
		A	B	C	D	E	
食品卫生	采购食品原料的新鲜程度、质量、价格						
	蔬菜炒制前经过拣、洗等						
	食品存放做到生熟分开、确保食品口味纯正						
	剩余食品有保鲜冷冻措施，防止变质						

2. 厨房卫生

厨房卫生，主要关注厨房环境卫生，表6-5为厨房卫生检查表。

表6-5 厨房卫生检查表

项目	内容	结果					备注
		A	B	C	D	E	
厨房卫生	厨具在使用前后清洗干净，使用后擦干并放在指定位置；刀板每次用后彻底清洗干净，使用前用消毒水清洗						
	配料台、灶台、清洗池、工作台使用后及时清理、清洗，保持干净整洁，使用前用消毒水清洗						
	冷藏柜定期解冻、清洗，保持卫生清洁，无异味						
	卫生清洁不留死角，严禁老鼠、苍蝇、蟑螂等污染食物						
	厨房垃圾及时处理						
	厨房污水排放顺畅、无堵塞，地面干燥整洁						

3. 餐具卫生

餐具卫生，主要检查餐具清洗、消毒情况，表6-6为餐具卫生检查表。

表6-6 餐具卫生检查表

项目	内容	结果					备注
		A	B	C	D	E	
餐具清洗 消毒卫生	餐具清洗消毒按洗→刷→冲→消毒 的程序进行						
	餐具有专柜存放，消毒后的餐具无 随意摆放						

4. 员工卫生

员工卫生，主要关注员工个人卫生情况，表6-7为员工卫生检查表。

表6-7 员工卫生检查表

项目	内容	结果					备注
		A	B	C	D	E	
员工个人 卫生	仪表整洁						
	工作服帽干净卫生、穿戴规范						
	不涂指甲油、不化浓妆						
	工作期间无吸烟、吃零食、 嚼口香糖现象						
	处理食品原料后或接触直接入口食 品之前用消毒水洗手						

6.3.3 卫生制度，要清晰明确

后厨卫生制度必须清晰明确，明确相关规范、要求以及处罚制度，让后厨人员能够严格遵照执行。

后厨卫生制度内容繁多，想要发挥其作用，则需要餐饮店注意以下两个方面。

1. 合理性

严谨的卫生制度能够有效避免食品安全事故。但如果在卫生制度上吹毛求疵，则会增加厨房员工的工作量以及厨房管理成本。

比如厨房小仓库的清洁，确保每周清洁整理一次即可。如果每天清洁整理，或许可以尽可能地确保卫生，但会加大厨房管理负担。

因此，在制定卫生制度时，首先要确保制度的合理性。只有合理的制度，才能得到员工的遵守执行。

2. 清晰性

如果员工对卫生制度一无所知，或不明确应该由谁执行、如何执行，那再合理的卫生制度也难以真正落地。

卫生制度必须要确保清晰，要明确责任人、时点、频率等各种细节，并实行岗位责任制。

比如店长每周组织一次后厨卫生大扫除，并由店长协同厨师长对后厨卫生进行详细检查并记录。

6.3.4 废物处理，厨房废弃物处理措施及办法

厨房废弃物的处理一直是令餐饮店管理者头疼的问题。这是源于厨房废弃物的两大特点：其一是含水率高达80%~90%，造成极大的收集、运输难题；其二是有机物含量高，极易腐烂变质、产生异味。

不及时处理厨房废弃物就会导致卫生问题，及时处理又存在客观困难。因此，餐饮店必须认真制订厨房废弃物的处理措施及办法。

1. 气态垃圾处理

气态垃圾主要是指厨房生产导致的油烟，这些油烟会造成污染甚至火灾。因此，在油烟排放方面，餐饮店必须要铺设专门的管道，将油烟排放至建筑物外。而且在油烟管道中，还需设置自动闸门。一旦管道温度过高，就要自动关闭导管，避免危险发生。

在日常维护中，也应定期对油烟管道内的油垢进行处理，并定期清洗、更换油烟管道。

2. 液态垃圾处理

液态垃圾主要是指厨房污水和泔水。

对于厨房污水，后厨应设置专门的排水沟。需要注意的是，如厨房污水含有有机物质时，也需先处理过滤再排放。

对于厨房泔水，则需采购坚固、易搬动、有盖的泔水桶。避免倒入过量，坚持逐日处理，并对泔水桶及周边进行冲洗。

3. 固态垃圾处理

厨房固态垃圾种类较多，有纸箱、餐具、蔬菜叶等。对固态垃圾，餐饮店同样需要分类处理，按照可燃物、不可燃物，或可回收、不可回收进行分类。

6.4 采购管理，如何实现最优化采购

6.4.1 采购标准，让采购透明化

降低采购成本是所有企业提高收益的关键手段。事实上，在所有财务指标中，采购成本降低所带来的利润增长多会强于销售额的增长。因此，在厨房管理中，采购管理也必然是核心。

很多餐饮店由于采购管理的缺失，采购腐败、合同风险等事件层出不穷。这些事件不仅导致餐饮店采购成本增加，更可能影响厨房生产乃至品牌运营。

其实，很多采购风险事件的发生，其根源就在于采购管理过程不透明：店长不知真实需求，厨房不知市场状况，采购员不懂食材挑选……这些潜藏的种种问题，最终导致采购管理的低效率、高成本。

因此，采购管理的第一步，就在于制定采购标准，让采购透明化。

1. 采购标准设计原则

由于采购流程设计包含供应商、采购员、厨房、仓管等多个环节，采购流

程的内容也十分丰富。因此，在设计采购流程时，餐饮店首先要明确基本的采购原则。

采购标准的设计原则主要包括 8 点内容：

（1）建立一套采购标准、流程和计划，遵守《中华人民共和国食品安全法》的相关规定；

（2）落实供应商开发计划和绩效管理方案；

（3）建立供应商评估组织；

（4）建立供应商评估标准；

（5）加强专业学习和调研技巧；

（6）建立企业内部供应商信息收集系统并不断更新；

（7）建立"多做不错，不做大错"的观念，设定供应商发展目标；

（8）建立公平、公正、公开、客观的淘汰标准。

2. 采购标准透明化

面对数量众多的食材供应商，餐饮店想要提高采购效率，就必须遵循透明化原则，事先制定明确的采购标准。只有如此，关于采购管理的绩效考核才能有据可依。

与此同时，采购标准还需要具备可量化的特性，以确保采购管理有序进行。

3. 采购管理要分级进行

对于不同的食材采购需求和供应商，采购管理的侧重点也有不同，相应的评估标准和绩效管理自然也存在区别。因此，在采购管理中，餐饮店还需建立采购分级管理机制，并将固定合作的供应商纳入餐饮店的供应商库，制订合适的绩效管理方案。此后，在持续的团队合作中，不断优化采购效率。

6.4.2 采购流程，让采购成本最优化

在经营当中，大多数餐饮店的采购核心在于物美价廉，更有甚者将之总结为多快好省。物美价廉、多快好省，无疑是餐饮店采购的美好愿景，但这种愿景也只能存在于理论中。如果执着于此，餐饮店采购管理就很容易陷入短视陷阱，后续的采购乱象也将不可避免。

透明化的采购标准能够最大限度地避免采购风险。但想要让采购成本最优化，则需要在采购流程上细心琢磨。

我们将餐饮店完整的采购流程分为 3 个环节，餐饮店根据自身情况，也可以简化运用。

1. 内部需求评估

支持餐饮店的有效运营是采购管理的基本目标。为了实现完整高效的采购，餐饮店首先要对内部需求进行评估，如图 6-3 所示。

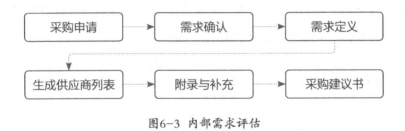

图6-3 内部需求评估

具体而言，其完整内容包括以下几个方面。

（1）充分了解厨房生产需求；

（2）对需求进行逐一评估与确认；

（3）搜索潜在供应商；

（4）准备和发布采购需求书；

（5）发布采购需求书附录与补充。

2. 供应商分析

根据厨房采购需求，餐饮店需要对其进行市场转化，也就是对潜在供应商实施评估。餐饮店根据采购标准选择合适的供应商，如图 6-4 所示，为供应商分析流程。

图6-4 供应商分析流程

3. 谈判和最终选择

对于筛选出的合格供应商，餐饮店仍需与其进一步谈判，以获取更好的供应条件，并根据谈判结果做出最终选择，如图 6-5 所示。

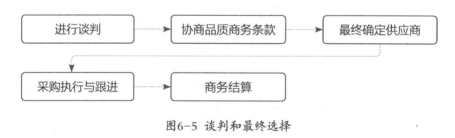

图6-5 谈判和最终选择

该阶段的具体内容包括以下方面。

（1）谈判；

（2）协商各类商务条款；

（3）确定供应商并执行；

（4）商务结算，采购完成。

6.4.3 采购目的，最低价不是首要依据

在谈及采购管理时，大多数餐饮店的关注点都在采购价格上——似乎只有低廉的采购价格才能降低采购成本。这样的思维误区也是导致餐饮店采购管理失效的重要原因。

想要实现最优化采购，餐饮店要明确采购目的，更要认识到最低价不是首要考虑因素。

1. 采购价格≠采购成本

采购价格是采购成本的重要构成。但在具体实践中，餐饮店能做的往往只是通过各种比价手段分析供应商的报价是否合理。在这一过程中，餐饮店确实可以在一定程度上降低采购成本。

然而，价格由市场供求关系决定。通过各种比价与谈判措施，餐饮店能做的也不过是让价格回归合理区间，最多获得一定程度的价格折扣。

在寻求降低成本的方法时，切忌本末倒置。在采购成本的构成中，不仅包括物料价格，还包括运输成本、包装成本、装卸成本等。而后续的厨房生产中，品质成本、仓储成本等细项也属于采购成本。

如果餐饮店只关注价格，却无法实现采购总成本的降低，这样的采购成本管理也是不合理的。

2. 明确采购管理目标

采购成本控制绝不只是简单的降低价格，而是一个系统化的工程。单纯地降低采购价格，可能会给餐饮店带来诸如质量风险、技术风险、供货不及时风险等。

从餐饮店采购成本的结构来看，我们将采购成本的计算公式总结为：

采购总成本 = 食材价格 + 订单处理成本 + 采购管理成本

食材价格包含供应商的收购成本、经营成本、仓储物流成本以及供应商利润等。

订单处理成本（也称上下游接口成本）包括订单识别与分析成本、谈判成本、合同与检验成本等。

采购管理成本指餐饮店在采购管理过程中所涉及的运营综合成本，包括食材退换、补货等成本。

全面采购成本管理的目标就是以最低的总成本为餐饮店提供满足需求的食材和服务。具体而言，则是持续不断地获得高质量、低成本、及时交付的食材。只有以此为核心目标的采购管理，才能真正推动餐饮店采购管理的最优化。

6.5 安全管理，提前控制安全隐患

6.5.1 火灾预防

厨房的火灾隐患包括大量堆积易燃油脂、燃气炉具违规操作、设备漏电或超负荷用电等。在后厨的特殊环境下，一旦发生火灾，极易向四周蔓延，造成一发不可收拾的局面。

因此，在后厨安全管理中，首先要做好火灾预防工作，具体分为以下几点。

（1）对不牢固的插头、电气设备接头等，在发现故障后应停止使用并及时报修。

（2）不超负荷使用任何厨房电器，且用毕之后及时切断电源。

（3）易燃易爆物品应有专门收纳区域，此区域应远离火源、热源。

（4）厨房台面、锅灶等设备，应由员工轮流每日清洗其表面油脂。抽油烟机、冰柜等设备应定期清洗。

（5）当日工作结束后，应关闭所有能源类开关。所有员工都应掌握厨房意外事故的处理、急救方法。

6.5.2 食品安全预防

食品安全预防理念应融入餐饮店的每个员工心中。只有如此，食品安全隐患才能被提前控制。

食品安全预防的内容十分丰富，以下细节尤其关键。

（1）根据厨房操作标准，实行先进先出原则，合理使用食材，避免先入食材存放过久、不新鲜。

（2）不得使用霉变、有异味等变质食材。

（3）不得将腐败变质的菜品供应给顾客。

（4）不允许乱拿、乱吃、乱处理厨房一切食材、食品。

（5）食材验收人员必须严格按照验收程序完成验收工作。

6.5.3 厨房内要预防安全问题

由于厨房的特殊环境，包括明火、刀具等不安全因素，厨房员工在厨房内工作时，同样要预防安全问题，具体包括以下几点。

（1）厨房内严禁奔跑、打闹。

（2）带刀行走时，刀尖必须向下。

（3）刀具、剪具等利器必须妥善使用、保管。

（4）如有破碎的玻璃、陶瓷器具，必须及时清理干净。

（5）保持地面整洁，及时清理油污、积水，防止地面湿滑。

（6）工作鞋应具有防滑性能，厨房员工应穿着工作鞋。

（7）切忌单人搬动重物。

（8）拿取高温物品时，必须垫上隔热层，并保持双手清洁、无油腻，防止打滑。

（9）严禁长时间进入冷库，进入冷库时应穿好棉衣。

6.6 制度管理，后厨管理要有制度可依

6.6.1 厨房安全管理制度

厨房安全管理不只是关注食品安全，更要关注厨房操作人员安全。在餐饮店后厨中，由于各类复杂设备、设施集中在一起，会存在表6-8所示的各类安全隐患。

表6-8 后厨存在的安全隐患

作业活动	主要危险有害因素	可能造成的事故伤害	可能伤害的对象
使用燃气	燃气管道阀门漏气、通往灶台的橡皮管老化破裂，导致燃气泄漏，遇火星爆炸	火灾	操作人员和周边人员
	未及时发现燃气泄漏并通风，人员吸入大量燃气	中毒窒息	操作人员
使用炊事机械	联锁装置故障，或设备不停机时打开设备防护罩取物操作，肢体接触设备旋转部位	机械伤害	操作人员
	未关闭蒸汽阀门开蒸箱门取食品	烫伤	操作人员
	潮湿环境下设备接地不良，导致设备漏电	触电	操作人员
烹饪和清洗作业	烹饪时，油温过高或操作不当，导致油锅起火	火灾	操作人员
	排油烟管道未经常进行清洗，油污遇到火苗起火	火灾	操作人员和周边人员
	烹饪、餐具清洗过程中，遗洒的油、水造成人员摔倒	摔伤	操作人员和周边人员
食品和原料采购、存储	未按规定采购、储存食品和原料，造成食品或原料变质	食物中毒	就餐人员
食品加工	未执行生熟分开、消毒等制度，造成食物带有细菌、病毒	食物中毒	就餐人员

因此，后厨管理首先需要制订严格的厨房安全管理制度。由于各类厨房设施的风险隐患各有不同，所以餐饮店可以分类制订安全管理制度，符合实际。

1. 燃气炉具安全操作

燃气炉具是后厨最常用的设备，也是最可能引发安全事故的设备。因此，关于燃气炉具安全操作的制度是各餐饮店的必备项，如表6-9所示。

表6-9 燃气炉具安全操作制度

项目	内容	备注
操作规范	开启排烟机，使排烟机处于正常工作状态	
	点火前先确保所有燃气阀处于安全关闭状态	
	打开排风机和炉风机先将炉灶风阀开到最大，把炉腔内废气及杂物吹去，再关闭炉灶风阀	
	开总气阀及点火棒气阀，点燃点火棒，把点火棒放到炉头位置，开长明火气阀，点着长明	
	将长明火种调校至任何风量都不会吹灭为准	
	打开该炉灶燃气阀即可使用（必要时可调节风门调节阀）	
	停止使用燃气时，依次关闭燃气灶阀门、火种阀门、燃气管道阀门、风机阀门及进水阀门；关闭燃气总阀门；依次关掉抽排烟系统开关、风机开关及照明开关，最后关掉电源总阀	
注意事项	每次点火操作前必须检查所有阀门及管道接口处是否漏气	
	保证所有燃气阀门处于安全关闭状态，厨房区域无漏气异味	
	点火种未点着时，切勿打开炉灶燃气阀	
	厨房排气通道必须保持通畅	
	如发现燃气大量外漏时，应先关闭燃气总阀，迅速开窗通风扩散，切不可开闭任何电器设备或再点火种	

2. 安全事故预防规范

针对各类安全事故，后厨也应制订相应的预防规范。同样，内容越详细越好，如表6-10所示，为安全事故预防规范。

表6-10 安全事故预防规范

项目	内容	备注
食品中毒	在进货、烹饪及保管中防止食物及原料受细菌感染，产生毒素	
	防止细菌在食物上繁殖	
	有毒化学物品与食物必须严格分开	
	注意食品本身含有的毒素	
刀伤创伤	操作时不得持刀指手画脚，携刀者不得刀口向人	
	不得在工作台上放置刀具，防止刀具碰落伤人	
	清洁刀具锐利部位须将手布折叠成一定厚度，从刀口中间部位轻慢地向外擦洗	
扭伤	搬运重物时，先站稳脚，保持背挺直，不可向前或向侧弯曲，重心应在腿部	
	从地面取物应弯曲膝盖	
	不可一次性超负荷搬运货物，尽量与其他员工合作或使用手推车	
烫伤	使用烹调设备、煤气设备时须遵守操作规程	
	容器盛装热油、热汤时应适量，端起时应垫布，并提醒他人注意	
	清洗设备时应待其冷却后再进行	
	拿取热源附近的金属用品应用垫布	
	严禁在炉灶间、热源处奔跑、打闹	
触电	所有电器设备必须安装安全接地线	
	员工须按电器设备操作方法操作	
	使用电器设备前必须对设备进行安全检查	
	使用电器设备若有故障发生，应立即切断电源并检修	
	使用完电器后，应立即切断电源	
火灾	员工须按油、气、电等热源设备操作流程操作	
	油锅加温过程中，作业人员不可离开	
	注意防范漏电事故发生	
	用完煤气后，应关掉气源开关。一旦发生煤气、油管等设施漏气，必须立即组织专人修复后方可使用	

6.6.2 厨房卫生消毒制度

无论是后厨卫生管理还是食品安全管理，都离不开妥善的卫生消毒。

在制订厨房卫生消毒制度时，一定要确保制度严格执行，避免发生食品安全事故，可参照以下几点。

（1）在进行清洁消毒时，刮、洗、冲、保洁、消毒5个步骤一个都不能少，务必做到认真保洁。

（2）洗碗池、消毒池需分开且做明显标记，不可混用、乱用。池内外壁应采用耐腐蚀的不锈钢面或瓷砖材料，内外壁应光洁无缺损。所有池底的排水系统应通畅无堵塞。当日的污物垃圾需当日清理完毕，不可滞留池内。

（3）消毒柜应符合国家规定的标准，对碗筷等的消毒也应达到需要的时长。所有消毒用剂的勾兑比例应符合国家标准，且所有消毒剂不应含有毒性。

（4）蒸汽消毒温度需达到100摄氏度，消毒至少达到100分钟。热水消毒温度应不低于100摄氏度，消毒时间至少达到10分钟。

（5）经过消毒的餐具应光洁，不得有污渍、颗粒等残留物。消毒之后，应及时将餐具收纳到专区，防止被二次污染。

（6）所有员工都应掌握基本的消毒标准，能够独立对后厨设备、器具等进行消毒。

6.6.3 厨房员工卫生制度

为了加强后厨卫生的全方位管理，餐饮店应尽可能调动厨房员工的积极性，增强员工卫生意识，让员工主动维护厨房卫生。

1. 个人卫生

厨房员工在日常操作中必须遵守员工卫生制度，严格执行各项制度细节，保持个人卫生。

（1）进入厨房，必须戴厨师帽、穿厨师服。男性不得留长发、长指甲。女性不得披发、留长指甲等。

（2）所有员工需做到勤洗澡、勤洗头，勤剪指甲，勤换工作服。如厕之后需及时用清洗剂洗手，处理完不同菜品之后也应及时洗手。

（3）工作时间内不可抽烟、喝酒。如遇员工感染传染性疾病如感冒等，需及时请假换休。

（4）处理特殊食材时，应戴一次性手套，以防污染食材，造成损失。

（5）若员工手部受伤，应做及时包扎处理，且在工作时戴防水手套。

（6）工作时，需根据岗位性质，选择是否戴口罩。例如切菜、出品等岗位需戴口罩。

2. 定期体检

为了确保厨房员工的健康，避免疾病传染，餐饮店也需组织厨房员工定期体检。如体检发现厨房员工患有传染性疾病，如病毒性肝炎、痢疾、活动性肺结核等，则应禁止其从事食品加工工作。

6.6.4 厨房废弃物处置制度

厨房废弃物的有效处理离不开严谨、细致的处理措施。为了让这些措施有效实施，同样需要制订厨房废弃物处置制度。

（1）由店长检查厨房废弃物的处置，并对废弃物处置问题负责；具体执行方面可由专门的厨房安全管理员负责。

（2）寻找合适的厨房废弃物收集、运输企业，并与其签订合作协议；禁止将厨房废弃物交由未经备案或无资质的机构收运。

（3）禁止胡乱堆放、丢弃、排放厨房废弃物。

（4）厨房废弃物应分类放置，并坚持每日清理。

（5）厨房废弃物应密封运输，避免泄露、散落。

（6）建立厨房废弃物处置的台账，详细记录厨房废弃物的处置信息，如种类、数量、去向、用途等，并定期向监管部门汇报。

第七章

品控管理：
建好门店竞争的"护城河"

7.1 食材选择，好的食材是征服顾客的关键

7.1.1 厂地（产地）选择，原厂地（产地）食材更有卖点

食材历来是餐饮业品控管理的核心。对餐饮品牌而言，好的食材是构建"护城河"的基石。而一旦发生食材问题，餐饮品牌也将"满盘皆输"。

随着餐饮行业的不断发展，顾客对食材的要求也逐渐提高。其中，关于原产地食材的讨论也更加引人关注、更具卖点。

事实上，我国也有关于原产地食材的专门认证——原产地域产品标志。

为何顾客越发关注原产地食材呢？

1. 菜品风味正宗

从菜品风味而言，任何菜系的特色都离不开特色食材和特色烹饪手法两点。各个地方的土壤、水质、气候各有不同，造就了各地不同的食材风味。

比如莲藕，普通莲藕多为白色，且在炖过之后口感还是脆的。但有一种莲藕炖过之后则呈红褐色，既香又糯，成为湘鄂情采购莲藕的唯一选择。其他如河鲜、海鲜等食材，更是存在明显的地域差别。

在过去，很多菜系在进入北京、上海等地时，都会根据当地人的口味进行"改良"：北京的鱼香肉丝可能会加入黄瓜，上海的各色川菜、湘菜都会降低辣度。

时至今日，基于冷链物流和恒温保存等物流、仓储技术，新鲜的原产地食材已经不是一种奢望。因此，顾客也越发关注菜品味道的纯粹性和正宗性。

2. 让食材讲故事

原产地食材大多与其他食材存在明显差异，而在这种差异背后，还有地域环境的差异：原产地是怎样的地理环境、人文环境？这些食材是如何种植、收

获并最终送上餐桌的？

这些关于原产地环境、人文的故事，都是构建食材乃至品牌文化的重要手段。在采用原产地食材的同时，还可以让食材讲故事，进一步凸显餐饮店的差异化。从而借此吸引顾客，并真正构建起门店的"护城河"。

7.1.2 食材筛选，优质食材能带来高额利润

如果说口味是餐饮的王牌，食材则是口味的灵魂。

没有好的食材，就不可能烹饪出好的口味；没有好的口味，就不可能吸引到源源不断的食客，高额利润更无从谈起。

好的食材是征服顾客的关键，它不仅能帮你赢得更多顾客的认可，更重要的是，只有以优质食材为基础的诱人口味，才能为餐饮店带来高额利润。

在食材筛选中，一定要以优质食材为先，避免食材品控风险。

1. 拒绝"染色"食材

很多供应商为了让食材看起来更加优质，会对食材进行"染色"处理。比如被熏过的生姜、用尿素泡发的豆芽、染过色的黑芝麻等。这些食材虽然看起来光鲜亮丽，但口感却很差。

因此，在筛选食材时，切忌只看"颜值"。

2. 避免"变脸"食材

无论是牛肉、猪肉等食材，还是食醋、酱油等调味品，都存在以次充好的现象。这些食材同样存在口感问题。

比如"化学醋"相比陈醋、米醋的颜色更淡、味道更酸。

3. 辨别黑心食材

相比于"染色"食材、"变脸"食材，黑心食材不仅口感极差，甚至可能引发食品安全事故。尤其是受到严重污染的鱼，可能会导致顾客食物中毒。一旦发生这样的事故，餐饮店的招牌也就砸了。

餐饮店都在追逐高利润，但高利润在某种意义上是优质食材带来的溢价

效应。优质食材的诱人口味自然能让你的菜品卖得更贵、更多，并带来更多利润。

7.2 采购控制，完善的供应链决定菜品质量

7.2.1 采购制度，严控食材的采购与运输

食品安全事件的频繁曝光，长期损害着餐饮行业的整体评价，值得所有从业者反思。要控制食品安全，首先就在于食材安全，而谈及食材，必谈采购。

每个餐饮店都离不开采购这个岗位，但很多餐饮人对其却缺乏必要的管理认知。采购员成了买菜员，所谓供应商也只是批发市场的个体菜农而已，这家不行就换那家，每天都要苦苦寻找价格最低、质量最好的供应商。长期来看，这样的采购管理没有解决任何采购痛点。

价格不稳定、到货不及时、质量参差不齐、采购风险频发……这些问题折磨着大量餐饮从业者。要解决这些问题，就要建立完善的采购制度，严控食材的采购与运输。

餐饮店要建立完善的采购制度，必须从执行层和管理层两个角度着手。

1. 执行层——事务性工作

采购执行层应当区分职能，如果催货、采购和品控都是同一人，就很容易出现采购风险。采购人员为了自身利益，可能违规收取回扣，与不符合要求的供应商进行合作，最终引发餐饮店的采购风险。

采购执行层负责采购相关的日常性工作，包括市场询价、供应商选择、催货、品控等。在这个过程中，可以设置专门的、相互独立的催货员、采购员和品控员。他们可以通过共同协作，确定采购细节，并将之反馈给管理层。

2. 管理层——供应商管理

如果餐饮店只将供应商管理看作货源管理，那餐饮店与供应商之间就只是一种松散型的合作关系。因为双方都将业务看作临时合作，只关注自身需求，在价格、质量等各方面都容易形成对立，难以实现可持续的共赢关系。

餐饮店的采购管理层要突破这一认知局限，从全局性、长远性的角度看待供应商管理，与供应商建立深度合作关系。根据执行层的信息反馈，餐饮店可对供应商进行有效管理：如价格合适、到货及时、质量优良、态度良好，则继续加强合作；反之，则削减订单乃至将其淘汰。

7.2.2 食材保鲜，保障食材品质与控制成本

物美价廉是餐饮采购的共同期待，但要实现却并非易事。尤其是在缺乏有效的供应商管理时，食材优质、新鲜且运输及时，必然会增加采购成本；采购成本降低，则只能在食材质量、服务质量上让步。

是否存在化解这种矛盾的方法呢？答案是肯定的。

从管理层面来说，餐饮店需要形成科学的采购认知，并建立完善的采购制度。而从具体操作层面来看，我们总结了五个小窍门。

1. 适时异地采购

"采购本地食材，既新鲜又有效率"。传统餐饮人大多对采购有这样的片面认知，正因如此，他们更习惯在本地的批发市场采购食材。但事实上，随着国内物流行业的不断发展，在冷链运输和保鲜技术不断提升的保障下，异地采购同样可以确保食材新鲜。

在这一前提下，异地采购尤其是到原产地采购，则成为采购优质食材的有效手段。如果直接到"源头"大批量采购，采购成本不仅不会增加，反而会相对降低。

2. 掌握采购时机

食材采购价格直接受市场供需影响：供大于需时，不仅能够拿到较低的采购价格，还能精心挑选更加优质的食材。因此，食材采购也要掌握采购时机。

一般而言，由于餐饮店食材采购量大，清晨第一批采购的价格较为便宜，上午采购价格最高，下午价格稍低但质量也较差。

3. 选择批发市场

异地采购更适用于原产地采购优质食材，常见食材更适合在本地批发市场采购。因此，对于需求量较大的食材，一定要摸清本地各大批发市场的优劣，从而做出最佳选择。

4. 建立固定合作关系

每家食材供应商都有各自的特点，有的价格优惠，有的质量优异，有的供应量大。无论如何，根据你的采购需求，最好与已核实的供应商建立固定合作关系。只有展开长期合作，食材供应才能更加稳定可靠。

当然，如果发现供应商存在问题，如质量瑕疵、价格较高，你也要与其商议、谈判，找到有效解决方案。必要时可及时更换供应商。

5. 有效利用送货

如今，很多供应商都提供送货上门服务，这也能为餐饮店节省采购费用，如往返路费、人工费用等。但这就需要对供应商资质有深入的了解，如果供应商不值得信赖，食材也可能不符合品控要求，将直接影响餐饮店的经营。

7.2.3 仓储管理，别让仓储问题毁了自己

食材的好坏，不仅在采购环节还在仓储环节。事实上，很多食品安全事故正是出在仓储环节。新鲜的食材未经有效储存很容易变质，轻则导致食材浪费、增加经营成本，重则引发食品安全事故、毁了餐饮店。

无论是原始食材还是半加工食品或熟食，都应当及时分类存储，尽可能确保食材新鲜，避免腐败。

为此，餐饮店在存储食材时应注意以下要点：

（1）日常使用食材应靠近仓库门存放，便于存取；

（2）所有食品都应分类放置，如蔬菜、肉食、罐装食品、干货等；

（3）易变质食物应分开存放，以免加速食物变质；

（4）熟食或高温半成品，应冷却后再冷藏或冷冻；

（5）水分较多或味道较浓的食品，应用塑料袋、瓶罐等容器密封后再存放；

（6）尽量提高食品存取的速度，避免长时间打开仓库破坏仓储环境。

7.3 标准化操作，让每一份菜都成为精品

7.3.1 制作标准化，别让大厨绑架餐饮店

中餐的最大特点就是菜品多样、口味多元，这也导致了中餐厅的出品不稳定，甚至被大厨绑架。

中餐厅以菜品口味制胜，而菜品口味则由大厨决定。因此，大厨总能在中餐厅处于一种超然地位。餐饮店的常客根据菜品口味的差别，可以轻易品尝出大厨的变更。

为了摆脱这种被动局面，餐饮店都应走上制作标准化道路，让自家店里的同一道菜保持同样的味道。

之所以强调中餐厅，是因为西餐、日料等餐饮的制作标准化早就已经成型。尤其是在国家产业标准化的基础上，中央大厨房完全可以供应多达 1 000 家门店，而所需人员甚至不到 10 人。

当然，中餐自身的特点也使得制作标准化存在困难。要做到这一点，必须从三个角度着手。

1. 食谱标准化

中餐食谱的量词总是难以准确，比如酱油少许、盐少许，小火焖、大火炒等。少许是几克？小火、大火又是多大火力？这些问题都难以得到准确解答。

正因为如此，同样一份食谱在不同的厨师手中会烹饪出不同的口味。

食谱标准化就是对中餐食谱进行准确定量，并要求每位厨师严格按照要求烹饪。

望湘园创始人就曾宣言："做中式正餐的标准化，首先要做的是让食谱精确下来。"在这样的理念下，望湘园的每道食谱都有精确描述，如主料、辅料各多少克，先炒红椒、后炒青椒，炒多久后放入肉片……

2. 研发新技术

餐饮店想要培养既有烹饪技术、又能严格遵守食谱的厨师，绝非易事。只要菜品仍然主要依靠大厨个人化的烹饪，就很难摆脱依赖某个厨师的困境。

因此，中式餐饮业可向西餐、日料学习，研发新技术，用新式烹饪设备替代厨师，使得制作标准化更具可行性。这一点对连锁快餐而言尤其有效。

如中式快餐连锁真功夫就专门研发出专利产品——电脑程控蒸汽柜，这套设备可以实现同压、同时、同温烹饪，操作人员只需按照流程操作设备即可。

7.3.2 服务标准化，不能千人千面

随着"90后"成为主流消费群体，食客的消费需求也从"填饱肚子"变为"餐饮体验"。餐饮体验不只是菜品体验，更是服务体验、品牌体验。海底捞的成功正是这一转变的最好诠释。

在餐饮行业，服务员的服务水平总是参差不齐，即使在同一家店内，顾客也可能体验到截然不同的餐饮服务。这种体验差异也会让顾客对餐饮店的管理水平产生质疑。

因此，餐饮店在提高服务水平的同时，更要关注服务标准化，切忌服务人员千人千面。

关于服务标准化的过程，我们将之总结为三点。

1. 整洁美观

餐饮服务的基本要求就是保持餐厅整齐、清洁，给顾客一种美的享受。这

种享受不仅在于店面装修，更在于员工的仪表与举止。因此，统一的服装、得体的仪容，都是服务标准化的基本要求。

2. 有效体验

顾客在餐饮店内的一切体验都应当是有效的，如图7-1所示为有效体验的内容。如果餐饮店提供自助茶水，但茶水设备却出现故障，这是一种怎样的体验呢？如果顾客想要加菜，招呼了几次才等来服务员，又等待许久却被告知没有加菜成功，这又如何呢？

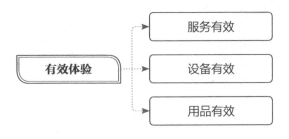

图7-1 餐饮有效体验

3. 亲切礼貌

亲切礼貌是对餐饮服务的基本要求，在服务标准化中，亲切礼貌也并不是简单的形容词，而是具有详细的标准，如微笑服务、用语统一、举止一致等。

7.3.3 评价标准化，随时掌控菜品质量

"顾客的评价，是餐饮店前进的方向。"这句话得到很多餐饮人的认可，但在实践中却很难落地。即使有些餐饮店专门制作了"顾客意见卡"，但大多数顾客也没有填卡的习惯，或只是随意填卡，这些意见也很难发挥预期的作用。

因此，在标准化操作中，评价标准化也是不可缺失的一环。

1. 制作意见卡

评价标准化首先需要制作一张标准的意见卡。意见卡模板在网上很容易找到，如图7-2所示。

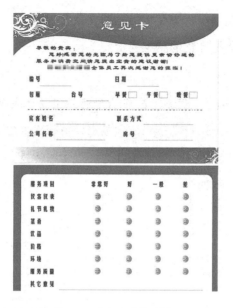

图7-2　"意见卡"模板

　　由于餐饮店各自特色不同，每家店关注的重点也存在差异，因此，在制作意见卡时，要根据自身需求选择合适的评价项目，或将某些项目进一步细化。

2. 评价激励

　　顾客意见卡的有效作用基于顾客的真实填写。但顾客很少有填写意见卡的习惯，因此，你需要推出评价激励活动，激励顾客填写意见卡。

　　常见的激励方式有折扣、优惠券等，比如凭意见卡结账可享受95折优惠或赠送50元代金券等。

7.4 味道打磨，好味道永远有改善空间

7.4.1 爆款打磨，让单一爆品更好吃

依靠标准化操作，餐饮店能够不依赖大厨，让每一份菜都成为精品。但这

种方式并非适用于所有餐饮店，尤其是对于高品质或好口味的餐厅而言，味道才是门店竞争的最强"护城河"。

如今是"酒香也怕巷子深"的时代，但也有这样的餐饮店：它们无论是选址、环境还是服务都乏善可陈，但生意却总是很火爆，能够吸引无数"老饕"。

看似完全不合常理，但其背后的逻辑却很简单——味道极致。

餐饮行业的核心永远是味道，即使是标准化操作，也不意味着味道的平庸。想要打造爆款餐饮，最直接的方式就是将菜品打磨为爆款，而这就需要对味道进行仔细打磨。

在打磨菜品的味道时，很多餐饮人最容易陷入的误区，就是试图将所有菜品的味道都做到最好。且不谈可能性有多高，其中需要投入的成本也难以预估。

在爆款打磨时，一定要专注单一爆品，将某类菜品打磨到极致。如巴奴毛肚火锅的毛肚，让顾客能够在想吃该品类菜品时第一时间想起你。

与此同时，以单一爆品为基点，你也能迅速塑造特色品牌内涵，提升餐饮店的品牌价值，进而丰富菜品种类，打造更多爆品。

7.4.2 细节打磨，让菜品有差异化识别度

虽然菜品的细节不会被顾客看到，但正是在细节的层层堆叠中，你的菜品才能有差异化的识别度。

高晓松曾在微博上晒出一份没有任何标识的外卖菜品，但仍然有很多粉丝一眼认出了这份外卖背后的餐饮品牌。而暴露这一"秘密"的原因，就在于该餐品玉米的切法、花菜和五花肉的比例以及米饭的配量。

时至今日，每家餐饮店都在寻求差异化发展，期望在激烈的竞争中取得优势。然而，上述餐饮品牌的主打菜品却是最难做到差异化的品类——番茄炒蛋、干锅花菜。

很多餐饮人在追逐差异化识别度时，都力求开发出全新的菜品。但其实，许多菜品之所以能够保留至今，正是源自顾客的喜爱。而对这些菜品的细节打

磨，才是最容易产生差异化的方法。

否则，即使你的菜品再新潮，也终归只能抓住部分尝鲜者，而这种新鲜感也很难长久保留。

7.4.3 评价反馈，根据顾客反馈不断完善

菜品的味道打磨同样需要顾客反馈。即使你自己或大厨觉得菜品好吃，如果得不到顾客的认可，也无济于事。

与评价标准化不同，爆款味道的打磨需要更加细致的评价，而大多数顾客都不愿意或无法做出符合要求的评价。

因此，关于主打菜品的味道评价，你可以着重关注老顾客的意见。尤其是在社群营销的基础上，可以举办"品鉴"类的活动，邀请社群粉丝前来品尝并做出最全面的评价。

7.5 极致服务，好的服务能给餐品大加分

7.5.1 服务细节，小细节最能打动顾客

"欢迎光临""小心台阶"是基本的服务用语，但及时更换餐盘、主动告知优惠，更能给予顾客优质的服务体验。

海底捞的成功让每家餐饮店都认识到了优质服务的效果。比如大龙燚火锅在为顾客提供围裙、头绳的同时，为了避免顾客染上一身火锅味，还贴心地为顾客提供除味剂；除此之外，为了避免顾客掌握不好火候，大龙燚还在每盘涮品上贴上小贴士。

事实上，正是这些服务细节最能打动顾客。在琢磨服务细节时，你可以从餐前、餐中、餐后三个阶段着手进行。

1. 餐前服务准备完善

在顾客就餐之前，你就要做好准备工作，尤其是卫生保洁、餐桌/餐具摆放等环节。

除此之外，餐前服务还有很多容易被忽视的细节。

（1）灯光照明舒适，空调温度适宜；

（2）背景音乐符合气氛，音量适中；

（3）花草新鲜，修剪枯枝；

（4）员工清楚客情，如预定信息等。

2. 餐中服务贴心、准确

关于顾客就餐时的服务，每家餐饮店都有自己的要求和标准。员工必须严格按照这些标准给予顾客贴心、准确的服务体验。

此时，需要注意的细节主要有以下几点。

（1）使用敬语，如"您""先生""女士"等；

（2）递送物品尤其是菜品时使用托盘；

（3）顾客有需求时要及时响应，并适时推销；

（4）及时更换餐盘、骨碟；

（5）结账迅速、准确，并主动告知优惠结账方式；

（6）正确对待顾客投诉或其他突发状况。

3. 餐后服务完美结尾

顾客结账离店并不意味着服务的终止，餐饮店同样要关注餐后服务，为餐饮服务做一个完美的结尾。

（1）查看桌椅、地面，检查顾客是否有遗留物品；

（2）在顾客离桌后立即开始重新布置餐桌；

（3）按要求做好清理、卫生工作。

需要注意的是，在服务员交班时也要做好交接事宜，将重要事项落实到其他服务员，以免出现疏漏。

7.5.2 精简服务，让服务流程精致而简单

在极致服务的道路上，大多数餐饮店都在做"加法"。这些不断增加的服务细节，当然能够为顾客提供更好的就餐体验。但繁杂的服务要求，却往往让服务员难以应对。

在做"加法"无效的情况下，餐饮店不妨尝试精简服务，让服务流程更加精致而简单。

其实，大多数顾客对过于"贴心"的服务并不买账，在他们看来，这种服务有时未尝不是一种打扰。既要服务好顾客，又要把握好其中的尺度，这就要求每位服务员充分发挥主观能动性，发现顾客需求并主动给予服务。

1. 精简服务流程

精简服务流程并非毫无服务要求，或用太多服务细节规范服务员的工作。而是在确定基本的服务流程后，给予服务员更多的发挥空间。

餐饮服务的基本流程如图 7-3 所示。

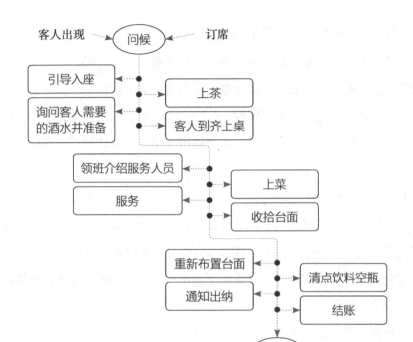

图7-3 餐饮服务的基本流程

　　无论如何精简服务流程，餐饮店都应遵循上述流程，给予顾客应有的服务体验。

2. 精致服务体验

　　精简服务流程的目的是让顾客的服务体验更加精致，这就需要充分调动服务员的主观能动性。

　　大连彤德莱火锅就特别强调餐饮店的"家文化"，正如其创始人孙玉伟所说，让员工把餐厅和企业当作家，服务员才会自己找活儿干，主动去服务客人。

　　在这样的理念下，餐饮店可以减少服务流程的复杂程度，从而提高服务效率。与此同时，激发了服务员的主观能动性，服务员会主动为顾客提供精致服务。

7.5.3 出菜速度，给予承诺就要说到做到

出菜速度直接影响顾客体验，相信大多数餐饮店都曾听过："再不上菜，我们就换一家吃！"或是"菜还没做，我们就不要了！"

一旦顾客有了这样的用餐体验，他们应该也不会有"下次光临"的时候了。

如今大多数餐饮店都会对出菜速度做出承诺。但要让承诺发挥最佳效用，还有两个小技巧可以应用。

1. 承诺出菜速度

最常用的方法就是在顾客点餐之后，放置一个沙漏在餐桌边，承诺在沙漏沙子流尽之前完成上菜。这是一种承诺，也是获取顾客信任的好方法。

与此同时，餐饮店同样可以将出菜速度作为一种营销点，比如承诺出菜速度，否则给予赔偿。

广州探鱼烤鱼就对顾客承诺：如果18分钟内未能上齐菜品，则对未上齐的菜品免单。这种承诺使得探鱼烤鱼成为当地人气最旺的餐厅，因为每位顾客都希望体验如此极致的出菜速度。

2. 承诺说到做到

关于出菜速度的承诺，是吸引顾客的绝佳手段。既然做出承诺，餐饮店就一定要履行，否则只会起反作用。即使餐饮店确实按照承诺做出赔偿，但这种无法履行承诺的事实，也会让顾客对餐饮店的印象大打折扣。

因此，在做出承诺之前，首先要修炼好内功，确保承诺能够兑现，从而赢得顾客的好感。

7.5.4 评价询问，用餐体验询问能增加好感

服务已经成为餐饮店塑造品牌形象的最好手段，也是门店竞争的强大"护城河"。

然而，你精心设计的服务究竟能否赢得顾客认可呢？服务是否过于繁杂，打扰到顾客就餐？服务又是否过于简单，无法满足顾客需求？顾客是否对餐饮

服务有更加明确的要求？

这些问题都需要得到顾客的解答。

相比于餐饮评价或味道评价，用餐体验询问其实更能得到顾客的配合。因为当服务员询问时，真诚的一句"您觉得我的服务如何"，就已经表达了餐饮店对顾客的尊重。

面对服务员的真诚询问，大多数顾客也会说出自己的体验感受。这在很大程度上是出于相互之间的认可，顾客想要表达对服务员和餐饮店的支持。

第八章

大数据餐饮：

门店旺不旺，数字会说话

8.1 管理软件，如何选择合适的餐饮管理软件

8.1.1 餐饮店点菜系统选择

随着信息时代的到来，信息化成为餐饮店发展的必然要求。

长期以来，餐饮店点菜都是服务员手写菜品，交给后厨再处理订单。但这种方式一直存在各种管理痛点：如何规范服务员手迹？如何确保订单得到有效处理？如何知悉菜品制作进度？

这些管理痛点阻碍了管理效率的提升，也损害了顾客的体验。

随着信息时代的到来，点菜系统也开始广泛应用于各大餐饮店。这套集无线、网络、嵌入式技术于一体的无线手持终端，适用于餐饮店的餐台管理、点菜录单、信息反馈与传递，为餐饮店提供了一套高效、稳定的点菜方案。

如今，市面上存在多种点菜系统，如点菜宝、点菜通等。该如何对这些点菜系统做出选择呢？笔者总结出以下 3 个重点。

1. 功能齐全

信息技术的进步赋予了设备更多功能。因此，点菜系统也应当支持更多功能，以满足餐饮店需求。

（1）基本功能，如点菜、退菜、赠菜、点标准套餐等；

（2）附加功能，如折扣授权、折扣率输入等；

（3）管理功能，如营业额查询等。

2. 操作便捷

点菜系统的应用是为了提高经营效率，如果其操作流程十分复杂，反而会降低效率。因此，选择点菜系统时，一定要注重系统操作的便捷性。最简单的

判断方法就是，尝试点一桌菜，看看总共需要多少次点击，以及信息展示是否清晰。

3. 运行稳定

点菜系统必须能够稳定运行，少生差错。

（1）电池电量是否足够大，一次充电能使用多久？

（2）数据传输是否足够稳定？包含传输距离、频率、功率等。

（3）是否防摔？能否防水？

8.1.2 餐饮店后厨管理系统选择

在麦当劳、肯德基点餐时，很多人都会关注到其后厨管理系统。在点餐之后，前台服务员无需与后厨进行任何交流，后厨只需抬眼看看屏幕，就能开始制作，并在菜品出餐后快速确认完成订单。

一套完善的后厨管理系统能够有效连接前厅与后厨。它可以让前厅实时掌握菜品制作进度，也可以让后厨妥善安排菜品制作，避免出现少菜、多菜、做错菜等问题。

更为重要的是，正餐店后厨远比快餐店后厨复杂得多。整个后厨流程包括洗、切、配、炒等多个环节，而要让这些流程协同工作，更离不开有效的后厨管理系统。

综合来看，餐饮店后厨管理系统应当具备几个核心功能。

1. 对接前厅管理

后厨管理系统的有效作用的前提是建立在与前厅管理系统的对接上。当前厅完成点菜下单时，订单信息就应当迅速传达至后厨；而关于后厨的菜品制作进度，前厅也能实时掌握，简单如"待制作""制作中""已完成"等。

2. 菜品制作安排

后厨效率的提升，离不开后厨工作的有效安排。同类菜肴同时制作虽然能够节省时间，但却可能导致先点顾客等待过久；同桌菜肴同时制作，则可能出现某一桌快速上菜，其他桌都得等待的状况。

因此，后厨管理系统的一个必备功能就是对菜品进行智能排序，根据菜品订单和制作流程，智能生成最具效率的菜品制作安排。

3. 制作流程安排

后厨的有效运行在于多个岗位的协同合作。因此，后厨管理系统在完成菜品制作安排之后，也要进一步对菜品制作流程进行分解，比如洗什么菜、菜怎么切、如何配……

每个岗位都按照流程操作，既能避免混乱，又能提高制作效率。

8.1.3 餐饮店采购系统选择

采购一直是餐饮行业的最大痛点。无效的采购管理不仅会导致采购成本增加，严重时还会导致食品安全事故。在信息化发展的今天，餐饮店同样可以借助采购系统来解决这一行业痛点。

合适的餐饮店采购系统应当具备以下功能。

1. 智能采购

采购系统支持直接录入日常采购计划以及餐饮店合作供应商信息。如此一来，当采购员提报采购需求时，管理者可直接根据日常采购计划进行审核，并判断供应商是否合适，进而做出采购决定。

2. 供应商管理

一个完善的采购系统应当具备供应商管理功能。餐饮店在录入合作供应商信息的基础上，系统可自动记录与该供应商的历史合作信息，餐饮店也可对供应商打分评价。

与此同时，为了确保采购成本适宜，采购系统也应自动搜集当日菜价信息，便于餐饮店进行对比。

3. 库存管理

采购管理的基础是库存管理，只有明确餐饮店的库存能力和库存现状，才能适度采购，避免库存难题。

4. 数据统计

采购管理的有效性离不开科学性决策，这需要大量数据统计作为决策依据。因此，餐饮店采购系统应具备完善的数据统计功能，能够生成餐饮店常用数据表格。

8.1.4 餐饮连锁店管理系统选择

时至今日，餐饮店的成功模式大多是可复制、扩张快的连锁店模式。无论是直营模式还是加盟模式，餐饮店都需要对各门店进行有效管理，包括财务管理、菜品管理、营销管理等，以避免门店之间出现恶性竞争或损害品牌形象。

餐饮连锁店管理的内容十分复杂，仅靠人力几乎不可能实现有效管理。因此餐饮店必须借助管理系统作为辅助。

纵观国内主流连锁经营模式，餐饮连锁店管理的总体流程如图 8-1 所示。在选择餐饮连锁店管理系统时，需要注意其管理功能是否完备。

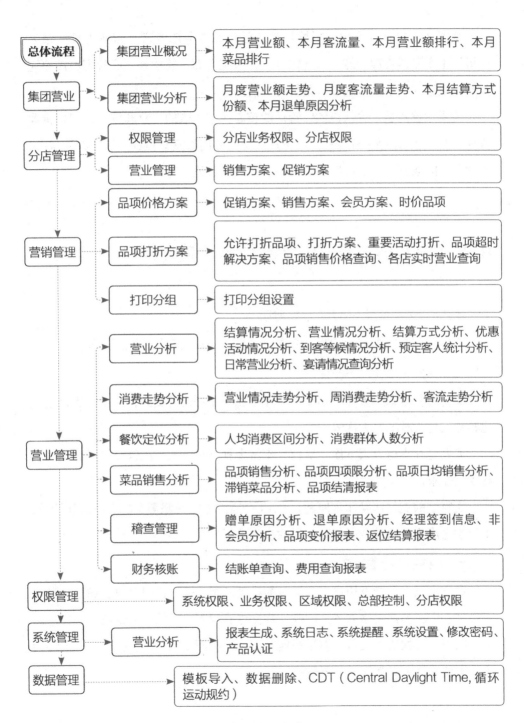

图8-1 餐饮连锁店管理流程

从图 8-1 中可以看出，餐饮连锁店管理涵盖分店管理、营业管理、报表分析等主要经营管理功能。除此之外，在系统方面，餐饮连锁店管理也需要完善的权限管理、系统管理和数据管理功能。

需要注意的是，餐饮连锁店管理的核心在于报表的汇总和分析，包括营业流水、服务流水、结算流水等。通过这些流水才能时刻掌控各门店的营业状况，并为未来的战略决策挖掘出必要的信息和数据价值。

8.2 支付数据，支付便利时别忘了做好营销

8.2.1 支付宝支付的优劣势分析

支付宝作为国内最大的第三方支付平台，是移动支付的优先选择。

1. 优势——支付便利

支付宝从事第三方支付多年，专注于支付便利度的提升，这也是支付宝相比其他支付工具的最大优势。

尤其是在支付方式方面，支付宝支持多种支付方式，能够满足顾客的大多数支付需求。

支付宝的支付体验非常便利，尤其是在余额宝、花呗等金融产品的加持下，支付宝已成为我国消费者移动支付的优先选择。

2. 劣势——社交缺陷

社交不仅能够激发用户参与，也能推动品牌传播。支付宝也曾做过各种社交尝试，但大多都差强人意。因此，社交也成为支付宝的一大缺陷。

故而，餐饮店的支付宝营销只能以商业化的面目与顾客"公事公办"，而不太方便采用更具效用的社群营销。

8.2.2 微信支付的优劣势分析

微信是我国用户规模最大的 APP，其月活跃用户数已经突破 10 亿。作为社交 APP 中的霸主，微信在 2014 年推出微信红包功能并顺势推广微信支付。

如今，微信支付已成为与支付宝一样被广泛使用的第三方支付工具，是餐饮店移动支付的必备利器。

1. 优势：社群营销

微信是很重要的社群营销平台。因此，在使用微信支付收款时，餐饮店也能够自然地将顾客引导至公众号，进而展开社群营销活动，将顾客培育成忠实粉丝。

2. 劣势：审核复杂

相比于支付宝商家功能的开通，微信支付的申请流程较为复杂，如图 8-2 所示。

图8-2 微信支付申请流程

微信支付的申请流程及每个阶段的审核时间都较长。在此过程中，商家也要提供较为齐全的申请材料，如图 8-3 所示。

申请材料
【个体工商户】
1.营业执照：彩色扫描件或数码照片
2.对公银行账户/法人对私账户：包含开户行省市信息，开户账号
3.法人身份证：彩色扫描件或数码照片
【企业】

1.营业执照：彩色扫描件或数码照片

2.组织机构代码证：彩色扫描件或数码照片，若已三证合一，则无需提供

3.对公银行账户：包含开户行省市信息，开户账号

4.法人身份证：彩色扫描件或数码照片

【政府及事业单位、民办非企业、社会团体、基金会】

1.营业执照：彩色扫描件或数码照片

2.组织机构代码证：彩色扫描件或数码照片，若已三证合一，则无需提供

3.对公银行账户：包含开户行省市信息，开户账号

4.法人身份证：彩色扫描件或数码照片

图8-3 微信支付申请材料

8.2.3 银联支付的优劣势分析

传统的银联支付可以简单理解为 POS 机支付，而随着移动支付的发展，银联也推出了移动支付工具——云闪付。

1. 优势：银行对接

相比于第三方支付工具，云闪付能够与国内各大商业银行实现快速对接，并与银行 APP 实现接口标准和用户体验的统一化。这也为餐饮店的账务管理提供了便利。

更重要的是，在与银行进行对接的同时，餐饮店也可以加盟银行信用卡商家，推出信用卡消费优惠活动，从而吸引顾客。

2. 劣势：覆盖面窄

在移动支付创新发展的过程中，银联支付一直未能成为市场领先者。时至今日，银联支付的市场覆盖率也低于支付宝和微信支付，这也导致其营销覆盖面较窄，难以精准覆盖目标顾客群。

8.2.4 其他支付软件的优劣势分析

支付宝、微信支付、云闪付等支付软件为顾客提供了支付便利，但却给餐

饮店造成了麻烦。

尤其是在各支付平台都推出刷卡器、扫码器时，商家的收款程序正在变得烦琐。由于各种支付工具之间不兼容，商家不得不添加多个收款工具，还需与各个平台分别对账。

正是基于这一市场需求，聚合支付也迅速发展起来，并得到广大商家的认可。那么，聚合支付类的支付软件有何优劣势呢？

1. 优势：管理便捷

聚合支付的核心功能就在于将多种移动支付工具相聚合，形成统一的移动支付入口。餐饮店只需接入聚合支付，就能绑定支付宝、微信支付等多种支付平台，从而实现便捷管理。

2. 劣势：业务风险

聚合支付在蓬勃发展的同时，也出现了各类风险。比如资金停留在聚合支付平台形成沉淀，其中也隐藏着平台"跑路"的风险。

与此同时，甚至有机构以聚合支付的名义开展违法业务。比如"天下谷"平台，就以免费推广的名义，采取"收费入门""分级管理""收益抽成"等方式吸引商户，最终于 2017 年 8 月被曝"跑路"。

8.2.5 支付数据如何精准营销

移动支付对顾客和餐饮店来说同样便利，满足了其高效收付款的需求。更为重要的是，餐饮店在与支付平台的合作中也得以沉淀数据，方便其对消费数据进行有效分析。

正是基于这些数据，餐饮店的精准营销才能有效展开。

1. 圈定目标顾客

餐饮店要运用精准营销获得最大化的效益，首先必须知道自己的顾客在哪里。只有圈定了目标顾客，找到"靶标"，企业才有可能将各种营销手段精准投向目标。

那么，那些首次光顾的顾客是否是自己的目标顾客呢？餐饮店可以通过他们的支付数据、支付平台的基本信息数据，以及其关注公众号、注册电子会员等行为数据进行综合判断。

2. 关联性分析

精准营销的展开绝不只是基于单一维度，而是基于多维度的数据挖掘，对顾客进行关联性分析，比如年龄、收入、职业等。而具体到支付数据，同样可以通过账单分析顾客的消费能力、消费偏好，并根据支付工具对顾客进行关联分析。

3. 个性化定制

个性化定制是精准营销的"王牌"。圈定了目标顾客，进行了有效的关联性分析，餐饮店就可以根据顾客需求进行产品或服务的个性化定制。只有这样，当企业将产品或服务推送到顾客面前时，他们才会有"瞌睡遇着枕头"的感觉，这样的舒心体验会让顾客产生强烈的消费冲动。

8.3 外卖数据，外卖数据影响餐品选择

8.3.1 点菜数据，寻找可能的爆品

如今，外卖已成为很多餐饮店的主要营业额来源。因此，有效利用外卖点菜数据，也很可能寻找到潜藏的爆品。

关于点菜数据的使用，核心就在复购率。复购率能够充分反映顾客的消费偏好，复购率的考量可以从两个方面进行。

1. 单个菜品的复购率

单个菜品的复购率考量的是在一定时间区间内，某道菜品的点单频率。假设有100人点餐，其中85个顾客都点了同一道菜，这就是单个菜品的复购率，

它展现了顾客对菜品的喜爱程度。

复购率高的菜品更有成为爆品的潜质。但要注意的是，在考量单个菜品的复购率时，要剔除掉外卖优惠的因素。

2. 单个顾客的单个菜品复购率

外卖数据能够展现每位顾客的消费情况。如果 A 顾客每周点 5 次外卖，其中 4 次都点了酸菜鱼，那餐饮店就可以为他贴上"酸菜鱼爱好者"的标签。

一段时间之后，如果有许多顾客都被贴上了同一菜品的标签，那这道菜品就是可能的爆品。即使这道菜品不能得到所有顾客的喜爱，也肯定能够收获一批粉丝。

8.3.2 评价数据，菜品升级与服务改善的依据

外卖平台不仅是餐饮店的业务平台，更是一个重要的点评平台。由于外卖服务的"非对面交易"特性，很多顾客都会先浏览外卖评价，再做消费决定。而在消费之后，顾客也更愿意做出评价，作为推荐或帮他人"扫雷"。

在这种情况下，餐饮店要更加重视评价数据。相比于其他平台的评价，外卖评价往往更加真实，能够成为菜品升级与服务改善的依据。

在实践当中，很多餐饮店不仅没有重视外卖评价数据的重要性，反而在外卖评价中直接"怼"差评顾客。

外卖评价是菜品升级与改善的重要依据，因为外卖平台上最容易培养出老顾客。食客为了便利而点外卖，但在外卖平台上，又害怕"踩雷"，因而大多会在心仪的餐饮店重复购买，此类顾客的评价也更加值得重视。

在某外卖平台上，一位顾客在评价中批评了商家，但仍然给出了四星评价。商家也迅速做出了诚恳的回复，并对顾客评价给出了快速解释。正是这种诚恳的态度，让顾客对商家产生信任，并在后来 8 天内又点了两次餐。这就是服务升级带来的效果。

8.4 团购数据，让爆品引爆整个餐饮店

8.4.1 参团数据，让爆品更加火爆

经过前几年的激烈竞争，团购市场的格局已基本稳定。尤其是在大众点评与美团合并成立"新美大"之后，餐饮店也可以专注团购数据，用爆品引爆餐饮店。

时至今日，团购网站丰富的点评数据仍能让众多用户借助其做出消费决定。

因此，团购数据对餐饮店仍然具有重要意义。合理利用参团数据，能够让爆品更加火爆。

1. 公布爆品参团数据

为了展现爆品菜品的热度，你可以直接公布爆品菜品的参团数据，让顾客对如此火爆的菜品产生好奇，进而进店消费。

2. 为爆品设计团购产品

一旦餐饮店成功打造出爆品，那么，爆品就是最佳的品牌推广载体。因此，无需纠结爆品菜品本身的利润率，而应该为爆品设计团购产品，用爆品优惠去吸引更多顾客。

8.4.2 菜品数据，发现潜在的爆品

团购的菜品数据更能够帮你发现潜在的爆品。尤其是系统根据网友点评生成的"推荐菜"，大多具有成为爆品的可能，如图 8-4 所示，为大众点评"推荐菜"。

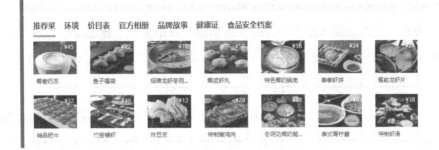

图8-4 大众点评"推荐菜"

上述"推荐菜"的方法同样适用于挖掘团购菜品数据，但要特别提到的是，团购平台还为商家提供了一种验证爆品的小窍门——"控制变量团"。

如果同时有几款拳头产品具有成为爆品的可能，餐饮店应该主打哪一款呢？此时，可以推出几款团购套餐，分别以这几款拳头产品作为套餐主打菜，其他菜品则可作为套餐中的搭配菜品推出，避免其他菜品无人问津。

如此一来，经过一段时间的销售，餐饮店就能够通过团购数据优化菜品组合。

8.4.3 评价数据，合理引导带动气氛

各大互联网平台都在走向社交化，团购网站同样如此。随着团购平台相继推出"霸王餐"活动，很多美食用户也愿意在团购平台与其他用户交流，并与官方互动，从而获取"霸王餐"优惠。

在团购平台的社交属性不断增强的当下，团购平台也正在从"优惠平台"转变为"点评平台"。用户在做出消费决定之前，大多会浏览其他顾客的消费评价。

因此，在利用团购评价数据时，餐饮店也要参与其中，直接与顾客互动，并做出合理引导，带动评论区的气氛。

1. 合理引导顾客好评

每个餐饮店都希望用清一色的好评吸引顾客，但团购网站"恶意刷好评"

的现状，也让很多好评无法得到其他用户认可，简单的好评模板更是如此。

因此，在激励顾客给予好评时，也要制订评论规则。比如文字好评，要求必须 15 字以上；对于晒图评价，则可以给予更加诱人的奖励。

2. 及时、真诚地回复评价

对待顾客评价，无论是好评还是差评，餐饮店都要诚恳对待并及时给予回复。需要注意的是，很多餐饮店为了便利会设计回复模板。但这种回复就如"好评模板"一般，不仅无法赢得顾客的认可，反而让顾客感到不真诚。

3. 带动评论区气氛

商家想要在评论区带动气氛，就需要一位专业的运营人员及时、真诚地回复顾客评价，运营人员还要有讲段子、逗趣的能力，让顾客感受到餐饮店的诚意和有趣。

第九章

员工管理：
培训优秀员工才有优质服务

9.1 人事管理，打造餐饮店强大人气团队

9.1.1 如何招人，才能使餐饮店团队强大

好的餐饮店不仅要有优秀的管理者，更要有优秀的服务人员、厨师队伍和职能岗位。只有在全体人员的协同合作下，餐饮店才能持续前进。

然而，很多餐饮人只看到战略、模式，却忽视了团队里最重要的人。要知道，即使战略再完善、模式再创新，没有完善的执行，一切也都只能停在云端。

打造餐饮店强大的人气团队，首先要从招人开始。

1. 厨师团队

厨师是餐饮店的主要生产人员。完整的厨师团队包括主厨（火头）、二火、配菜、凉菜、面点等多个岗位。每个岗位的人员都需要具备相应的专业技能，其水平也要符合餐饮店的档次需求。

更为重要的是，厨师团队是协同性要求极高的团队。为了避免后厨内讧，影响餐饮店的正常运营，厨师团队一定要能够相互协调、配合。

因此，厨师团队的招纳都应经过试工。在试工期间，你不仅要考察员工的工作技能，更要关注其包括协作力、责任心在内的综合素质。

2. 职能岗位

餐饮店的正常运营离不开各个职能岗位如财务、采购、仓管等的共同协作。职能岗位的人员不仅需要相关业务知识，更要有餐饮行业的从业经验，能够将业务知识与餐饮行业相结合。

如果餐饮店规模较大，各个职能岗位也应进一步细化为职能团队，如会计、出纳共同构成的财务团队。

职能岗位的员工首先要具备做好本岗位工作的能力，其次要能够与其他团

队成员友好相处。

3. 服务员团队

服务员团队才是餐饮店真正的脸面，直接负责餐饮店的销售、服务工作，具体人员包括领班、收银、引座、取菜、值台等。

在招募服务员团队时，一定要优先招聘有经验者。当然，更常用的方法其实是对服务员进行持续的集中培训。经过有效的培训，即使是行业新人，也能够被塑造为符合品牌形象的服务人员。

无论如何，针对服务人员的考核都要注重文化、形象、态度、反应、卫生等几大要素，以免浪费培训成本。

9.1.2 如何留人，让餐饮店团队稳定

餐饮行业是员工流失率较高的行业。据统计，餐饮行业年均员工流失率甚至逼近50%。也就是说，一年过去，餐饮店里有一半都换了新面孔；所谓的"老人"可能也不过只在店里做了一年而已。

很多餐饮人对此不以为意。然而，不稳定的团队就意味着招聘成本、培训成本的重复投入；而团队不稳定，餐饮店的长期规划就很难贯彻执行……种种问题导致的结果，往往就是餐饮店的歇业、撤店。

因此，在投入大量成本招到强大团队之后，还要学会留人，让餐饮店团队稳定。那么，如何才能留住人呢？

很多餐饮人认为留人的关键在薪酬——或许这就是他们留不住人的原因所在。如果认为薪酬是留人的核心要素，那就意味着管理者将员工与自己摆在了对立面。员工拿得多、自己必然拿得少，在这种相互博弈中，自然难以留住人。

美世咨询的一项调查显示，在员工愿意留在企业的众多因素中，员工发展计划以78%的获选率占据第一位，而薪酬福利则排在了第三位。

其实，留人的关键就是给员工提供发展空间。即使餐饮行业本身就是发展空间较为有限的行业，也可以转变人事管理思路帮助员工建立发展计划。

1. 尝试内聘而非外招

无论是管理职位空缺，还是连锁店扩张需要人手，餐饮人总是习惯于从外部招聘有经验的管理者。事实上，餐饮店的老员工更了解整个餐饮店的运营模式，他们也许更适合这一岗位。

如果管理者总是外招而非内聘，就等于堵死了基层员工的晋升道路。在一个没有晋升可能的店里，员工自然不会工作太久。因此，在日常的人事管理中，应当有意识地锻炼、培养、提拔基层员工，当机会出现时，员工可以立马补缺。

2. 给予深度参与机会

在日常管理中，当你对基层员工有了较为充分的了解时，就可以给有能力的员工一个深度参与的机会。比如定期组织员工会议，或给予"代班"机会，让员工能力得到更好发挥。

如果一直在基层摸爬滚打，员工要么会对自身的工作能力产生怀疑，要么会对工作的发展前景感到失望，而这都会造成员工的流失。

9.1.3 如何奖惩，让团队成员一条心

适当的奖惩是人事管理的有效手段。只有赏罚分明的团队，才能让所有成员一条心，而不会在团队之间滋生猜疑，如任人唯亲、中饱私囊等。

赏罚分明说起来简单，做起来却很困难。

在惩罚环节，餐饮店大多会坚持有理有据，避免错误地惩罚员工。否则，既打击了员工积极性，又损害了团队归属感。在奖励环节，如果标准缺失或模糊，就可能出现奖励不被信服的现象。因此，在奖励时，也一定要有充分的理由，并在奖励时将其公示出来。

具体而言，关于员工奖惩的评估，主要可以从四个方面进行。

1. 工作业绩

工作业绩始终是每个员工最直接的工作表现，主要分为三个细项。

（1）任务绩效

每个员工都有具体的岗位任务。在每个阶段的工作之前，公司都应为每个

员工制订具体的绩效指标，在每个阶段结束后，对其工作业绩做出直观评估。

（2）管理绩效

对管理人员而言，餐饮店不仅要对其任务绩效进行考核，还要考虑其下属员工的工作业绩。

（3）合作绩效

由于餐饮店运营常常需要多个员工、团队或部门合作，我们还需对其在团队中发挥的作用进行考核。

2. 工作能力

工作能力分为专业技术能力与综合能力。技术人员的工作能力更多地体现在其专业技术上，而管理者的工作能力则要综合评估。工作能力的考核方式可以是技术考试，也可以是店面内部的评价打分。

3. 工作态度

工作态度的考核有一定难度。餐饮店可以从工作积极性、责任感、纪律性、协作性以及考勤状况等五个方面进行评估。

工作态度本身无法进行定量考核，但餐饮店可以搜集其他员工的评价对员工进行一种定性评估。

4. 附加分值

附加分通常是给予在日常工作中有突出表现的员工，附加分并不只是加分，也可以是减分。要根据员工平时所获的奖励或惩罚而定，附加分的计算必须严格遵循公正、公开、公平的原则，以防止"潜规则"的发生。

9.1.4 如何管人，让不合格员工淘汰

"全球第一CEO"杰克·韦尔奇曾向人们传授自己的用人秘诀——"活力曲线"。在任何一个组织中，必然有20%的成员是最佳的，70%的成员处于中间状态，还有10%的成员则是最差的。这个比例基本不会变化，但具体的成员名单却会不断变动，领导者必须牢牢掌握20%和10%的成员名单，对

其做出恰当的激励或惩罚。

餐饮店的持续发展离不开一个稳固的员工团队。但很多餐饮人却因此陷入误区，试图"团结一切可团结的力量"，却导致"最差的10%"一直留在团队当中，成为拖累团队发展的"短板"。

有效的管理方式必然奖惩分明。宽容对待不合格的员工，也是对优秀员工的不公平。

因此，面对"最差的10%"，餐饮店必须设定完善的制度规范，也只有明确了规范制度，餐饮店才能在人事管理中有据可依。

1. 坚守公开原则

无论是奖励还是惩罚，都应该坚守公开原则，包括结果公开和程序公开。只有如此，餐饮店的人事管理才能得到员工信服。

2. 给予改善机会

对待"最差的10%"，餐饮店首先应与其深入交谈，了解其想法和困境。如果对方认识错误的态度端正，也应该给予改善的机会，帮助其成长。

3. 勇于淘汰员工

如果"最差的10%"不愿意改善自我，那就要淘汰这些员工，以免破坏团队氛围。

如果经过几次改善，对方仍然无法跟随团队成长，那同样应当在与对方诚恳交谈后，友好地结束雇佣关系。

9.2 员工职责，明确职责才能高效稳定

9.2.1 定岗定责，让员工明确自己的职责

餐饮团队组成复杂，很容易发生管理混乱的问题。例如突发事件出现时，员工眼睁睁看着问题发生、恶化，既没有人主动处理，事后也难以追究责任。

这样的餐饮店就很难高效、稳定发展。而要解决这一问题，关键就在于定岗定责，让员工明确自己的职责。

只有在专业分工、各司其职的前提下，餐饮店才能真正实现可持续发展。

1. 合理制订岗位职责

餐饮店应当根据自身情况，合理制订岗位职责，并确保岗位权限清晰。因事设岗、因岗用人，从而保证人尽其用，避免权责交叉或空白。

2. 严肃现场工作秩序

在餐饮店运营中，很多员工会基于私人友谊或讨好上级，不专注于本职工作，而去帮助同伴处理工作，或专门处理领导关注的工作。与此同时，很多领导也喜欢在工作现场乱指挥，遇到问题随便安排人处理，导致现场秩序混乱。

在现场工作中，一定要遵循既定的秩序，避免乱指挥。

3. 坚持有效层次管理

当发生意外状况时，则要坚持有效的层次管理，确保上下级之间信息通畅。在及时准确的信息传达中解决现场工作中遇到的问题。

9.2.2 清晰流程，让员工做事井然有序

定岗定责是为了让员工知道自己的岗位职责。而清晰流程则能够让员工做事井然有序，明确"什么时候该做什么"。

餐饮店的日常经营流程包括准备营业、开始营业，再到顾客上门，最后关门打烊。在这一日常经营流程中，各个员工应当如何履行自己的岗位职责呢？这就是清晰流程需要解答的问题。

对此，餐饮店应根据自身特色，进一步细分流程，为每个岗位制订工作流程图。

1. 营业前——准备工作

在正式营业前，各岗位都应做好准备工作，包括服务员的仪容仪表，后厨的食材准备，财务的系统开机等。此时，店长或领班要做好检查工作，确保各

部门准备妥当。

2. 营业中——各司其职

在正式营业中，各个员工则要按照自己的岗位职责各司其职，具体包括顾客引座、点菜，后厨制作、传菜，结账买单等。

3. 营业后——整理收拾

在当天营业结束后，各岗位人员同样要做好整理收拾的工作，包括现场保洁、工具收纳、食材储存等。

9.2.3 高薪店长，让餐饮店管理井井有条

想让餐饮店管理井井有条，离不开卓越的管理者即店长。

店主不在现场时，店长事实上就充当着店主的角色，负责整个门店的管理运营。因此，在招聘店长时，一定要选择最优秀的人。当然，如果门店内部有合适的员工，也可以将之提拔到店长的职位。

1. 店长职责

店长的职责在于协助店主进一步落实各项工作计划，负责各部门的管理，全面负责为顾客提供优质的餐饮服务。

具体到每家餐饮店，店长的具体职责又有所不同，但总体而言，应当包括以下几个要点。

（1）检查督导。在营业过程中做好各部门的检查督导工作，确保员工都处于正常工作状态。

（2）有效协调。面对现场管理的各项事务，店长要做到有效协调；尤其是在面对突发事件时，要妥善处理。

（3）总结评估。对餐饮店的日常运营以及员工的日常工作，店长要做好总结评估工作，向店主提出改善和奖惩建议。

2. 高薪必要

当店主不在门店时，店长就要代行店主的职责。

因此，在店长待遇上，餐饮店应当给予更高的薪酬作为激励。这也是"高薪养廉"的思考逻辑。

当然，高薪并不只是较高的现金薪酬。为了强化薪酬激励作用，还可以采用利润分红、股权激励等措施，将店长的利益与餐饮店的利益适当捆绑，从而确保店长能够切实为餐饮店的发展考虑，将餐饮店管理得井井有条。

9.2.4 制度为先，岗位职责及工作内容制度化

餐饮店的有效管理必须以制度为先。只有将岗位职责及工作内容制度化，员工才能明确岗位职责。

然而，很多餐饮店的管理却充斥着"人治"色彩：今天店主想到什么，给管理层发一条私信，明天又对店长口头吩咐了一句什么。等到后面出现问题时，店主疑惑问道"怎么回事"，店长只能无奈回答"都是您的吩咐"。

事实上，制度不仅是员工工作规范，也是餐饮店运营架构。你必须在内部制订一个严谨的管理制度，对每个员工进行约束和保护，从而在维护员工权益的同时，确保餐饮店在既定架构内有序运营。

餐饮店制度必须包含以下三方面的内容。

1. 组织架构

要建立合理的企业组织制度，首先要明确企业的组织架构，通过权力机构、决策机构、监督机构的合理设置，餐饮店决策的制订将更加符合品牌发展需要，决策也可以得到更有效的执行。

2. 职能体系

管理制度的一项重要内容就是对企业内部的职能体系进行划分。厨师团队负责生产、服务部门主管客服、财务部门主管资金、人力部门主管员工……只有在完善的职能体系和明确的岗位分工下，员工才能清楚自己的工作内容，餐

饮店也才能在专业化分工的基础上，推动各职能体系的合作。

3. 权利系统

权利系统的合理性在于权与利的相互匹配。为了完成岗位职责，每个员工都有其权利范围。而在此过程中，员工通过完成业务获得回报，若不合格则要接受惩罚。

需要注意的是，餐饮店的权力设置一定要注意层级性。通过权力的层层下放，员工可以接受并执行上级管理者的决定。

9.3 员工培训，让员工跟着餐饮店一起成长

品牌价值的塑造源自统一的品牌内涵。完善且持续的员工培训可以让员工真正明确餐饮店的工作流程，让员工跟着餐饮店一起成长。为此，必须要设计详细的餐饮店员工培训机制。

9.3.1 服务培训，让服务标准化

服务员大多来自不同地域，其思考方式、成长背景乃至受教育程度都千差万别。因此，员工培训的首要内容就是服务培训，让餐饮服务标准化。

由于各个餐饮店的服务特色不同，其服务流程也不尽相同。总体而言，有效的餐饮服务离不开以下几个关键点。

1. 热情迎客

当顾客到达餐饮店门口时，迎宾首先要热情迎接，询问用餐人数。并且根据顾客意愿和餐厅情况选定合适餐桌，将其迎入门店。

顾客进入餐饮店之后，区域服务员要将其引向餐桌，为顾客拉椅让座，并根据顾客人数调整餐桌布置，增减餐具数量。

2. 上茶点菜

顾客就座之后，服务员应及时递上菜单，并为顾客斟茶或倒水。

在顾客浏览菜单期间，服务员也可以适时推荐菜肴，协助顾客完成点菜。如顾客所点菜肴过多，也应主动提醒顾客适当减少菜品。

点菜完毕之后，服务员仍需复述一遍菜品，确保准确。

3. 开单下厨

确认点菜之后，服务员要将订单交到后厨，并将点菜菜单其中一联送至餐桌，以便上菜时核对。

后厨按需制作菜肴，并交由传菜员。

4. 按序上菜

大多餐饮品类都有固定的上菜顺序，比如西餐先上餐包、中餐先上冷菜。服务员应按序上菜，并主动为顾客介绍菜品。

5. 结账

当顾客用餐结束，示意结账时，服务员应及时响应，并主动向其推荐优惠的结账方式。

在结账完毕后，服务员应道谢。顾客离席时，则要主动帮顾客拉椅，并欢迎顾客下次光临。

6. 整理餐桌

顾客离开之后，服务员要及时整理餐桌、收拾餐具，并更换桌布、重新摆放餐具。

9.3.2 话语培训，如何让顾客乐于点单

服务员接待顾客的态度，是餐饮店最重要的"门面"。具体而言，顾客服务涉及等候、迎接、引导、点菜、上菜、询问、巡视、欢送、回收及整理等10个环节。在这些环节当中，服务员应当依照话语标准，塑造亲切、礼貌的品牌形象，让顾客乐于点单。

1. 现场话语

在餐饮服务现场，服务员话语要准确恰当、简练清楚。

（1）迎接、引导时要充满朝气，标准话语有："欢迎光临""您几位用餐""请走这边"。

（2）为顾客点菜时要郑重、礼貌，标准话语有："您请点菜""您点的菜肴是……"

（3）上菜时要有精神，标准话语有："打搅您，给您上菜""让您久等了"。

（4）送客时要表示感谢，标准话语有："多谢惠顾""欢迎下次光临"。

2. 电话话语

在设计员工话语时，很多餐饮店会忽视电话话语。但在实际经营中，如果电话服务不佳，就此流失的顾客也不在少数。

因此，在接听顾客电话时，同样要注意话语的标准化，具体包括问候、询问、应答、致歉、感谢等。

9.3.3 推销培训，如何悄无声息地推销酒水菜品

餐饮店服务员的职责不只是服务顾客，更包括酒水、菜品的推销。但在顾客点菜期间，如何才能悄无声息地完成推销，避免引起顾客反感呢？

这就需要恰当的推销培训。

1. 改变默认选项

在推销酒水菜品时，餐饮店必须要掌握的一项技巧就是改变默认选项。

比如在推销酒水时，有两种询问方式：其一是"您要不要来点酒水"，其二是"您要喝白酒还是啤酒"。

相比而言，前者的选项在于要与不要，后者的选项则是白酒与啤酒。也就是说，默认选项已经被改为"要"，现在询问的是"要哪种"的问题，从而让推销在悄无声息中完成。

2. 第三方推荐法

自卖自夸的方式在如今已难以适应市场，尤其是当推荐菜品不合顾客口味时，更有可能损害餐饮店的形象。

因此，在向顾客推荐菜品时，服务员需掌握第三方推荐法，将推荐的主语交给第三方，即"最近顾客都很喜欢点这道菜"。

3. 顺势引导法

顾客在点菜时一般都有较为模糊的点菜范围，比如海鲜、炖汤。此时，当顾客仍在犹豫时，服务员可以直接顺势引导，即："您要不要来份鱼？""您想要清蒸的还是红烧的？""这道清蒸鲈鱼要不要试试呢？"

9.3.4 礼仪培训，如何让顾客感到宾至如归

餐饮店与顾客的言语交流主要在于迎宾、点菜环节，但在餐饮店营业的每时每刻，服务员都应该以无可挑剔的礼仪，让顾客感到宾至如归。

1. 等候礼仪

即使在等候环节，员工也应当在规定位置待命，尤其是迎宾人员，更要注视来客方向，确保能够及时迎接宾客。

在等候阶段，服务员可以采取较为舒适、自然的姿势，无需过于紧绷，但也不能坐下或倚靠在其他物体上。

2. 服务礼仪

引座时，服务员应走在顾客前面，但要保持慢步，避免快步导致顾客难以跟随。

就座后，服务员要主动提供毛巾、茶水。

上菜时，服务员要确保姿势正确，不可扭转身体或做出夸张姿势。

顾客用餐时，服务员要及时撤下空菜碟和骨碟。

3. 送客礼仪

送客时，服务员要怀着感恩之心，在顾客完全走出玄关之前，都要保持欢

送姿势。

9.3.5 收款培训，如何让顾客成为回头客

收款意味着对顾客的服务即将结束，但这也是很多餐饮店容易忽视的环节。事实上，正是由于收款阶段的"虎头蛇尾"，前期服务积累的良好印象也有可能毁于一旦。

1. 核对账单

当顾客示意服务员结账时，服务员要及时响应，并在收款处打印账单。打印账单之后，服务员应首先进行核对，确保账单正确，再将之交到顾客手中，提醒顾客进行核对。

2. 完成结账

如餐饮店有优惠结账方式，如大众点评、美团等平台的优惠活动，服务员也应主动介绍。

询问顾客付款方式，并引领顾客完成结账：如是现金付款，应在餐桌旁点清现金数目；如是刷卡支付或移动支付，服务员则可以使用手持设备完成收款，或引领顾客到收银台结账。

3. 询问评价

在收款结账期间，服务员应适时询问顾客评价，收集顾客意见。

完成结账之后，应有服务员欢送顾客直至离店。

9.3.6 应急培训，员工如何化解突发状况

在餐饮店现场管理中，总是会发生各种突发状况。此时，则需要相关人员能够及时、正确应对，避免状况恶化，损害顾客体验乃至品牌形象。

1. 确定流程

为了避免服务员在应急时手足无措，餐饮店首先要确定应急流程，即及时处理、向上反馈、妥善收尾。

在突发状况发生时，附近的服务员应第一时间上前处理，如在处理能力范围内，则要尽快妥善处理；如超出能力范围，则要简单处理或给予协助，并请其他服务员向上级、店长反馈，让其迅速到场处理。

2. 认同顾客

如果顾客对餐饮服务不满意且情绪激动时，服务员要尽力让顾客平静下来。此时，最好的方法就是认同顾客，而非据理力争。

比如当顾客抱怨上菜慢时，相比于简单的"我去催一下"，认同顾客的回答，如"很抱歉，确实慢了一些。为了确保菜品口感，制作时间会比较长，请您再稍候一下"则更能赢得顾客认可。

9.4 绩效考核，如何让员工多干活又不抱怨

9.4.1 考核流程，让考核有据可依

绩效考核之所以广泛存在于各行各业，是因为在绩效考核的激励下，员工会提高自我要求，并在绩效奖励的激励下挑战更高的目标。

然而，绩效考核不被认可也是很多企业管理的一大痛点：员工既不为绩效奖励所推动，也不惧怕绩效考核的惩罚。其原因在于很多餐饮店的绩效考核并未做到有据可依。

如果辛辛苦苦干一年，却抵不上领导的一句好评，或者一切绩效考核都是暗箱操作，那这样的绩效考核自然不会得到员工认可，更不会产生激励作用。

绩效考核的核心就在于目标量化，只有当考核要素能够量化时，才能将之作为考核标准。

即使你想对员工进行360度全方位考核，但你真的能够对全部工作要素进行量化考核吗？

一张标准绩效评分卡中包含大量的考核元素，分别由不同的部门打分，如

主要任务完成度、专业知识和技能、工作态度、现场情况等大项。每个大项又会被细分，如主要任务完成度还要细分为公司下达任务、本岗位任务、工作效率等。通过对每个小项进行评分，最终得到员工的综合绩效分。

然而，所有考核事项都能被量化吗？举例而言，如工作态度可以凭借出勤率、加班率等量化指标进行衡量，但如果以责任心、服从性来衡量，那就很难打分。

此时，绩效评分也就失去了意义，因为无法量化的考核元素必然无法客观评分。而不够客观的考核自然也无法得到员工的认可。

9.4.2 考核目的，能正向引导员工

在绩效管理盛行的今天，绩效成为企业每年甚至每个月都要谈及的问题。在一次次大会上，管理者慷慨激昂地宣布下一阶段的绩效计划，员工似乎也被激励得热情高涨。

然而，最终你却发现：制订好的任务，无论是月度、季度还是年度任务，永远都完不成。

此时，你要做的不是责怪员工，而是反思自己：你的考核目的究竟是什么？是为了品牌的快速发展、加速盈利，还是为了餐饮店、品牌和员工的共赢？

如果答案只是前者，员工当然不愿意为你多干活，每当考核制度出台，迎来的都是一片抱怨。事实上，为了品牌的快速发展，你更应该将员工团结在左右。通过对员工需求的研究，找到各自的需求点，并以此树立品牌价值观，对员工进行正向引导，刺激员工自动自发地前进。

具体而言，考核应当具有如下目标。

1. 推动业绩的合理增长

绩效考核的核心目的仍然在于业绩增长，但如果盲目追求业绩的快速增长，则可能忽略员工的需求。因此，在制订绩效考核策略时，站在业绩增长的角度，就更要考虑员工的接受度，以此设置合理的考核标准。

2. 营造积极的企业氛围

在企业管理中，工作氛围的营造是重要手段。在一个积极向上的企业氛围中，新人能够迅速融入企业，基层员工能够快速成长，领导者也会因此效率倍增。而在一个消极低落的企业氛围中，新人会被扼杀，基层员工想离开，领导者也会因此心神疲惫。

然而，团队氛围其实很容易被破坏，因此，领导者必须高度关注团队氛围的营造和维护。如果发现团队氛围的破坏者，一定要及时严肃处理。

3. 强调团队合作精神

在绩效考核中必须强调团队合作精神，也就是要让团队带动所有人。如此一来，即使领导者不在，团队也能够自发运转。

"团结就是力量"，团队成员的工作能力或许有所差别，但团队合作却能够让每个人站在合适的位置，发挥出最大的价值。这也能够避免团队成员因为无法表现自我或是成为"孤胆英雄"而离开团队。

因此，在绩效考核中，不仅要设置个人指标，更要设定团队指标。

4. 培养持久的企业文化

企业文化的培养，不仅在于日常经营的点点滴滴，还在于绩效考核当中。

如果企业的绩效考核重点年年变化，去年看业绩，今年看质量，明年又看扩张，就会让员工措手不及，也会损害企业文化的培养。

在持久稳固的企业文化下，员工会主动复制企业文化的优势或特质，如激情、勤奋、学习等。企业文化的作用事实上就是将领导者个人的信念转变为团队的信念，形成一种企业专属的价值观。

9.4.3 考核标准，要适量适度

餐饮店的持续发展离不开更高的绩效目标。只有在绩效目标的有效推动下，员工才能齐心协力、加倍努力。然而，"一口吃不成胖子"，企业发展也不是一朝一夕的事情。如果绩效目标过高，员工也会因难以完成而放弃努力。

因此，在制订考核标准时，一定要坚持适量适度的原则。

美国管理学家埃德温·洛克提出了著名的洛克定律："有专一目标，才有专注行动。要想成功，就得制定一个奋斗目标。但是，目标并不是不切实际地越高越好。每个人都有自己的特点，有别人无法模仿的一些优势。只有好好地利用这些特点和优势去制订适合自己的高目标和实施目标的步骤，才可能取得成功。"

简而言之，绩效考核标准的设定可以采用"跳一跳，够得着"的技巧。也就是在制订一个远大目标的同时，还要制订多个跳一跳就够得着的考核标准，让员工可以通过不断提升自己，挑战小目标，最终实现大目标。

想要打造这样的效果，关键在于 3 点。

1. 目标难度

目标可以分为简单、中等、困难、不可能等多个难度。比如清理一张台桌要多长时间，10 分钟是简单，5 分钟是中等，1 分钟是困难，而 10 秒则是不可能。在考量目标难度时，不仅要关注目标的挑战性，还要兼顾可行性。

领导者必须明白，太容易达成的目标，很难引起员工的兴趣，员工反而会有所懈怠；而难度适当的目标则能激发员工的挑战欲望，当目标实现时，员工也能获得满足感和成就感；如果目标过于困难，令人望而生畏，员工可能觉得努力也没用而直接放弃。

对不同的员工而言，目标的难度也有所不同。在这个员工眼中很简单的任务，可能在那个员工看来则很困难。因此，在设置目标难度时，最好设置阶梯性目标，避免相对难度差异太大。

2. 目标清晰度

目标的清晰度既可以表现为"在 1 分钟内清完 1 张台"，也可以描述为"在 3 分钟内清完多张台"。目标清晰度的不同也会影响员工的最终成就。

如果领导者给出的目标是"在 3 分钟内清完多张台"，那么，如何算多张呢？有的员工觉得 1 张台就已经算多。这就使得目标失去了意义，领导者必须明白，设置目标是为了引导员工为之努力，因此，目标的清晰度越高越好。

3. 自我效能感

自我效能感就是指员工对自己能否有效地实现特定行为目标的自我认知。简单来说，就是员工通过对自身能力、团队能力和任务目标等要素进行综合评估，确定目标实现的概率有多高。

这就意味着当员工的自我效能感较强时，其对于实现目标的承诺也会提高。因此，领导者向多个员工发布同样的任务时，每个员工的反应是不同的。有人认为很简单，有人认为很难，有人则表示自己会努力完成。

自我效能感与目标难度有直接联系，除此以外，领导者的态度也会影响员工的自我效能感。如果领导者总是将重要任务交付给某员工，该员工也会因为领导者的信任而提升自我认知，并努力完成目标；其他员工则会认为自己的能力不被认可，自信心会受到打击。

9.4.4 股权激励，让优秀员工心有所属

餐饮店与员工之间更多的是雇佣关系，而雇佣关系就必然意味着利益冲突。雇主总是想让员工拿更少的钱、干更多的活；而员工的想法却恰恰相反。

与此同时，员工与餐饮店的发展目标往往不一致，所以餐饮店常常会忽略个别员工的个人利益，员工也可能为了自身利益的最大化而损伤公司利益。

针对这样的管理困境，股权激励是一个很好的解决方案。拥有股权就意味着拥有了餐饮店的收益权。即使股权再少，这份股权也会让员工形成主人翁意识，主动为餐饮店的发展而努力，甚至愿意牺牲部分短期利益，以通过股票增值换取未来收益。

当然，股权激励的代价是餐饮店股权的稀释，因此，股权激励的对象也应当是优秀员工。否则，股权激励的效用不仅难以发挥，甚至可能损害餐饮店的利益。

股权激励的运用有以下几种具体方法。

1. 业绩股权

餐饮店可以在年初为优秀员工制订一个较高的业绩目标，只要员工能够在年终达成这一目标，就可以得到一定数量的股权奖励。这项奖励应当独立于原本的绩效奖励计划，作为针对优秀员工的特殊福利来发放。

当然，关于员工持股变现，也要设定条件限制。这种限制可以体现在时间上，也可以体现在数量上。通过限定员工在几年内只能出让多少股权，餐饮店可以预防其快速变现，以免使股权激励丧失了其真正作用。

2. 股票期权

为了避免股权稀释，餐饮店也可以将股权作为一种期权，允诺优秀员工可以在一定时期内以某个价格购买限定数额内的股票。员工得到的实际上是一种购买权力，当员工相信公司的发展前景时，就会行使这项权力来获得潜在收益。但无论其行权还是不行权，员工都会积极关注餐饮店的发展。

3. 员工持股

员工持股是一种更为直接的股权激励方法，在薪酬激励计划中加入股权的元素，餐饮店可以直接将员工拉到自己的阵营，即"店面店主"。不论是无偿奖励、股权补贴或是购买权力，餐饮店的目标都是让员工持有公司的股票，并不断加大持有量，让员工与公司"一荣俱荣，一损俱损"。

9.5 服务标准，标准化让顾客开心、服务轻松

服务标准化，既能展现餐饮店形象，让顾客获得统一的服务体验，又能让员工工作更加轻松。

一般而言，无论是哪个岗位的员工，都要遵循仪容仪表和劳动纪律两大标准。

1. 仪容仪表

在开始服务顾客之前，服务员首先要有端正的仪容和整洁的仪表，具体仪容仪表标准如表 9-1 所示。

表9-1 仪容仪表标准

姓名：_____ 总分：_____ 考核人：_____ 日期：_____

项目	内容	评分标准	权重	评分	合计	备注
仪容仪表	着装	1.统一着本岗位工作服，要求工作服干净、整洁、熨烫平整、无破损、无污迹； 2.佩戴工号牌，位置为左胸与第2个纽扣平行（晚上要开工牌灯）； 3.女员工可穿裙子但要配肉色丝袜，男员工穿深色袜子，鞋面干净，无污渍、无破损	4			
	头部	1.女员工短发后不过肩，前不遮眉，整洁清爽；长发必须用规定的发夹束起； 2.男员工头发侧不过耳，后不过领，前不过眉； 3.男女员工均不能染怪异夸张发色	4			
	妆容配饰	1.保持面部清洁，精神饱满，女员工须化淡妆，男员工不得留胡须； 2.不留长指甲，不涂指甲油，除已婚员工可佩戴一枚结婚戒指外，其他人员不得佩戴任何首饰	2			

2. 劳动纪律

劳动纪律是对团队员工的基本要求，主要包括考勤等内容，如表 9-2 所示，为劳动纪律标准。

表9-2 劳动纪律标准

姓名：_____ 总分：_____ 考核人：_____ 日期：_____

项目	内容	评分标准	权重	评分	合计	备注
劳动纪律	考勤	月出勤率达100%，打卡记录和部门签到记录正常	10			
	工作表现	1.对各级管理人员的工作安排100%服从； 2.工作中无因服务态度引起的宾客投诉或失误； 3.当班时间无擅自离岗、串岗、脱岗现象； 4.参加部门或公司组织的各种培训，无缺席或请假记录				

9.5.1 服务员服务标准化的内容与表格

服务员是餐饮店的重要组成部分，也是顾客服务和菜品推销的第一负责人。因此，关于服务员服务标准也应更加详细，如表9-3所示。

表9-3 服务员服务标准

姓名：_____ 总分：_____ 考核人：_____ 日期：_____

项目	内容	评分标准	权重	评分	合计	备注
服务技能	托盘	1. 托盘的操作程序：装盘、理盘、起托、行走、落托。 2. 装盘、理盘： （1）根据用途合理选用托盘； （2）重物、高物在里挡；轻物、低物在外挡，先上桌的物品在上、在前，后上桌的物品在下、在后； （3）物品之间保持0.5厘米距离。 3. 起托：左手臂弯成90度角，掌心向上，五指分开；手掌自然形成凹形，掌心不与盘底接触，平托于胸前。 4. 行走：保持身体平衡，靠右行走，遇到客人停止前进并问好。 5. 落托：距餐台30厘米处，左脚向前一步，左手托盘保持与餐台在同一平面，将餐品平稳摆放至餐台上。 6. 考核标准：静止状态下，男员工4瓶啤酒5分钟，女员工3瓶啤酒3分钟做托盘演示	10			
	摆台	1. 铺桌台垫布：桌台垫布放置在桌位正中，距桌台5厘米处。 2. 拉椅定位：从主人位开始依次拉椅，拉开距离为方便客人入座即可。 3. 摆台：要求操作中使用托盘，按照顺序摆放； （1）杯碟：依次将碟、碗、勺、杯放置在桌台垫布正中； （2）汤碗、汤匙：汤碗在骨碟上方偏左，汤匙在碗内，梗把在左； （3）筷子：筷子在骨碟右侧，与骨碟上端边缘平衡，筷子放于茶碟与骨碟中间； （4）茶杯：茶杯在骨碟右侧，与桌边相距15厘米； （5）摆放红酒杯于骨碟正上方，操作时总是执杯柄； （6）考核要求：6人台，摆台操作限时3分钟	10			

项目	内容	评分标准	权重	评分	合计	备注
服务技能	斟酒（水）	1.斟酒顺序为先主宾后主人，再按顺时针方向，在客人右侧进行斟酒； 2.斟酒时，右手握酒瓶下半部，商标朝外显示给客人，瓶口不搭酒杯，以相距2厘米为宜，瓶口向上45度； 3.斟酒时，按照红酒、洋酒、啤酒或饮料的顺序，红酒斟酒杯的1/3，洋酒斟酒杯的1/8，啤酒或饮料斟酒杯的1/8； 4.考核要求：6人台，斟酒、倒水顺序正确，无溅出、无滴漏，限时5分钟	20			
	上菜	1.上菜位置：在副主人右手边空隙位，侧身上菜； 2.上菜顺序：先冷菜后热菜、先荤菜后素菜、先咸菜后甜菜； 3.上颗粒状菜肴配公勺，西餐配公刀叉； 4.考核要求：菜品上桌后，主菜放置长条桌中间，退后1步报菜名，要求声音清晰，大小适中，上菜一共上6道，分菜1道	30			
	分菜（若客人要求）	1.旁桌式分菜：由服务员将菜端上台，介绍菜式，供宾客观赏后，端回服务台进行分菜； 2.按照先主宾后主人，然后按顺时针方向依次分派； 3.分菜时，头尾不给宾客，不要在盘上刮出声响，分菜一般不全部分完，要留菜的1/4重新摆放在餐桌上	10			
	时间要求	摆台3分钟，斟酒5分钟，上菜一共上6道，分菜1道，总计时20分钟	20			

9.5.2 店长服务标准化的内容与表格

店长是餐饮门店运营的主要管理者。只有优秀的店长才能将餐饮店管理得井井有条，让企业经营蒸蒸日上，成为店主的好帮手。

因此，在给予店长高薪激励的同时，也要设定店长服务标准化内容，尤其是确定店长任务绩效，并明确店长行为考核标准，如表9-4、表9-5所示。

表9-4 店长任务绩效

考核期间：_____年_____月

姓名				岗位		得分	
任务绩效	序号	考核项目	权重	指标要求 自评	评分等级 上级	结果	
	1	流水业绩	30%	完成每月业绩任务（按上年度指标）	达成业绩目标30分； 达成90%以上20分； 达成80%以上10分； 不足80%0分		
	2	前厅服务满意度	15%	前厅服务礼仪、服务流程等满意度达到95%以上	达到目标15分； 低于95%10分； 低于90%0分		
	3	厨房质量管理	15%	菜品的品质及标准达到店面要求	达到目标15分； 否则0分		
	4	店面日常环境卫生管理	10%	店面内外环境干净整洁，符合店面管理要求	达到目标10分； 否则0分		
	5	团队编制达标率	10%	达到编制80%以上	达到90%以上10分； 80%~90%5分； 低于80%0分		
	6	零投诉	10%	无顾客投诉	无投诉10分； 投诉一次扣5分		
	7	员工培训与人才培养	10%	每月培训不少于10小时，培养储备店长1名	达到目标10分； 任意一项未完成0分		
	加权合计						

表9-5 店长行为考核标准

考核期间：_____年_____月

	序号	行为指标	权重	指标说明	考核评分	自评	上级	结果
行为考核	1	慎独	25%	1级：工作时不做与工作无关的事宜，迫不得已时才违反规则。 2级：按制度与工作标准完成工作。 3级：没有因为工作质量与业绩扣罚的经历。 4级：以工作质量为守则，上级是否在场并不重要。 5级：认真工作，心甘情愿工作，超出上级期望	1级5分 2级10分 3级15分 4级20分 5级25分			
	2	人际关系	25%	1级：维持正常工作关系。 2级：建立可以讨论非工作事例关系。 3级：与员工交往融洽没有冲突发生。 4级：成为朋友并能正当开展业务。 5级：亲和力强，为企业引进人才	1级5分 2级10分 3级15分 4级20分 5级25分			
	3	领导力	25%	1级：能正确评价员工的付出与回报协调性。 2级：对员工业绩与态度进行客观评价。 3级：掌握岗位精确工作技术及全面专家技术并组织实施产生良好效果，培训员工为胜任者。 4级：影响力大，员工自愿追随并付出贡献。 5级：有强大魅力，能时刻激励其他成员的激情	1级5分 2级10分 3级15分 4级20分 5级25分			
	4	清财	25%	1级：不违反财务制度、维护促销政策，不因自身利益而破坏财务规范。 2级：没有任何财务问题，并主动接受监督。 3级：根据公司要求按时上交各种财务数据及报表（准确度100%）。 4级：主动节省费用，并不影响工作质量。 5级：以身作则，光明磊落，对其他成员产生影响力与威慑力	1级5分 2级10分 3级15分 4级20分 5级25分			
		加权合计						
总分				总分 = 业绩考核得分 × %+行为考核得分 × %				
考核人					签字： 年　　月　　日			

9.5.3 收银员服务标准化的内容与表格

收银员是财务部门最基层、最重要的环节，他们能否尽职，将直接影响餐饮店的经营情况。因此，对收银员的服务标准也不容忽视，具体要求如表9-6所示。

表9-6 收银员的服务标准

岗位：收银员		被考核人：	考核日期：	年		月
项目	序号	考核项目	基准目标	分值	达成情况	考核分数
KPI（Key Performance Indicator，关键绩效指标）（50%）	1	结账准确率	100%	6		
	2	被投诉率	每月小于1%	6		
	3	鉴别、拒收假钞率	100%	6		
	4	客人满意率	100%	6		
	5	酒店价格政策的监督、执行	严格遵守	6		
	6	有关财务核算报表填报的及时、准确	100%	6		
	7	收入投缴	准确、安全	6		
	8	业务培训及业务考核合格率	达到酒店要求	4		
	9	岗位外语合格率	100%达到酒店规定的等级标准	4		
工作态度（25%）	1	出勤纪律	无迟到、早退、请假、离岗、串岗、旷工现象	6		
	2	仪容仪表	完全符合本酒店仪容仪表标准	6		
	3	礼节礼仪	完全符合酒店礼节礼仪规范，无不礼貌的行为	6		
	4	工作效率	任何工作都按时、保质、保量完成，且从无怨言、牢骚	7		

续表

岗位：收银员		被考核人：		考核日期：		年	月
项目	序号	考核项目	基准目标	分值	达成情况	考核分数	
工作能力（25%）	1	主动性	总是能够积极主动、精神饱满地去工作	6			
	2	学习能力	按时参加酒店、班组的培训，且培训期间无违纪现象	6			
	3	团队协作	对部门或他人的工作请求从无怨言、牢骚、畏难	6			
	4	业务技能	熟练掌握岗位业务技能知识，符合或超越本酒店的岗位职责标准	7			
总计考核得分							

被考核人确认：　　　　考核人确认：

第十章

外卖管理：

让外卖成为行走的广告牌

10.1 平台选择，你适合主打哪家平台

10.1.1 美团外卖，大流量、多顾客

美团网是团购市场的佼佼者，经过多年发展，也成为用户获取团购优惠的重要平台。"背靠大树好乘凉"，美团外卖也因此得以迅速发展，成为外卖市场的一大龙头。

尤其是在互联网产业渠道下沉的今天，美团外卖在三四线城市的市场增速也远高于一二线城市，为美团外卖提供了重要增长极。

大流量、多顾客是美团外卖的最大优势。这一点在三四线城市体现得尤为明显。

因此，如果餐饮店采取聚焦三四线市场的餐饮战略，或是采取"以量取胜"的竞争策略，那美团外卖是很好的选择。

10.1.2 饿了么，实惠到家

相比于全面布局生活服务的美团，专做外卖业务的饿了么，能够成功与美团外卖分庭抗礼的关键就在于实惠到家。

在 2017 年的外卖市场，饿了么与美团外卖的市场份额合计高达 82.7%，前者为 41.7%，后者为 41%。

2018 年 4 月 2 日，饿了么联合阿里巴巴正式宣布，阿里巴巴已签订收购协议，以 95 亿美元完成对饿了么的全资收购。这也意味着饿了么将具有更大的资金实力用于推出实惠活动。

尤其是饿了么会员服务，对比美团外卖会员也更具优势。其中，减免配送费的特权，虽然从最初的全部减免逐渐变为赠送抵扣红包，但这样的会员优惠仍然足以留住顾客。

因此，饿了么平台也更具用户黏性，尤其是对线下转化的餐饮店来说，更适合培养老顾客。

10.1.3 大众点评，网友推荐很重要

大众点评的突出特色就是完善的用户点评数据。用户愿意在大众点评上评价，也习惯在平台上查看商家评价作为消费依据。

在与美团网合并之后，独立运营的大众点评也继续发挥了点评方面的优势。并且大众点评逐渐开启了社交化转型，让美食爱好者聚集一堂，交流各自的美食体验。

如果餐饮店决定主打大众点评平台，那餐饮店就一定要关注"网友推荐"。

在最初入驻大众点评平台时，餐饮店可以推出"霸王餐"活动，邀请平台深度用户体验美食，并做出深度评价，进而将餐饮店的菜品推荐给更多网友。

10.1.4 口碑外卖，支付宝带来大流量

早在"外卖大战"之初，支付宝就曾推出口碑外卖，希望抢占外卖市场，但最终未能敌过美团外卖和饿了么。

近年来，支付宝重新启动口碑外卖，并直接将之放在支付宝一级菜单，这也表现了支付宝对它的大力支持，如图 10-1 所示。

图10-1 支付宝口碑外卖

入驻口碑外卖的最大好处就在于支付宝带来的大流量。尤其是在支付宝的大力支持下，大量的优质流量也会被导入到该平台，帮助商家快速成长。

10.1.5 到家美食会，精致菜品的选择

成立于 2010 年的到家美食会则采取了与其他外卖平台不同的差异化发展道路。到家美食会一直专注于为城市家庭用户提供知名特色餐厅的外卖服务。

"到家 + 名厨"的外卖新模式使得到家美食会成功绕开低端市场和烧钱模式的恶性竞争，专注于自建配送系统和精细化运营。

目前，到家美食会送餐服务覆盖北京、上海两大城市，与 6 000 多家品牌餐厅建立了合作关系，拥有超过 3 000 人的自有物流团队，为 100 多万家庭用户提供送餐服务。

从到家美食会的经营模式就可以看出，其目标顾客群就是追求生活品质的人——他们不只是为了饱腹，更为了欣赏和品味美食。因此，如果你的目标顾客群与之匹配，到家美食会则是更好的选择。

10.2 餐品选择，别把菜单直接搬到外卖平台上

10.2.1 爆品选择，把爆品勇敢地推出去

进驻外卖平台之后，首先要确定菜品选择。此时，切忌将实体店菜单直接搬到外卖平台上。

基于外卖本身的业务特点，在选择菜品时，餐饮店的目标应当是在外卖平台上打造自己的爆品。一旦打造成功，你的爆品也将迅速辐射方圆数千米，实现流量的爆发式增长。

1. 选择合适的菜品

与堂食不同的是，外卖顾客极为看重效率，而外卖本身的配送时间也会明显影响菜品口味。

因此，你首先要选择合适的菜品作为主推菜。选择菜品的关键就在于出餐

效率高以及口味维持久。

只有符合这两点要求的菜品才是适合做外卖业务的菜品。否则，你的后厨要么跟不上订单增长速度，导致出单不及时；要么菜肴到达顾客餐桌上时已经既无色相，又无口感。

2. 设计力度较大的优惠

外卖顾客大多对优惠活动较为敏感。如果你的店铺优惠力度够大，或菜品优惠幅度高，顾客就会勇于尝试。与此同时，较大的优惠幅度也能让你在外卖平台上的排名靠前。

此时，高效率的外卖服务和高品质的菜品口味自然能够帮你赢得顾客的认可，进而引发口碑传播，成为外卖平台的爆品。

10.2.2 精简菜品，让顾客消除选择困难

在实体餐饮店里，菜品的选择总是比较丰富，给予顾客更多的选择空间。但在外卖平台上，顾客的核心用餐需求就是快捷。

如果菜品内容多样，在小小的手机屏幕上，顾客可能刷了几屏都看不到喜欢的菜品，反而费力不讨好。

1. 精心挑选菜品

餐饮店一定要精心挑选适合外卖平台的菜品，去除口感会因时间而大幅损坏的菜品之后，对于其他菜品则要做出有效的舍弃或合并。

比如酸辣土豆丝和青椒土豆丝这样常见的家常菜，也有不少粉丝。此时，餐饮店可以直接合并为土豆丝菜品，并在口味中分列酸辣和青椒。

2. 精细化分类

提高顾客点餐效率的另一细节就在于菜品的精细化分类。如分为荤、素、汤、饮料等多种类型，便于顾客快速定位自己想吃的菜肴。

在精细化分类的同时，还可以将主打菜品放在前列，或单独设置"特色菜"分类，以吸引顾客下单。

10.2.3 套餐定制，顾客需求全满足

外卖平台的数据管理能帮助餐饮店有效定制套餐，从而贴近顾客需求。

传统的套餐定制大多只考虑荤素搭配和成本效益两大要素，但这样定制出来的套餐却可能与顾客的需求不相符。试想一下，如果四个菜品的套餐组合中顾客有两个都不爱吃。即使出于优惠的考虑购买，顾客也很难满意。

基于外卖数据，餐饮店则可以实现精准定制，满足顾客的需求。

在经过一段时间的经营之后，餐饮店就可以对顾客的消费数据进行全面分析，包括平均客单价及常见搭配等。基于这两个数据，就能确定套餐的合理售价，再根据常见搭配，对套餐菜品进行定制。

此外，还可以给顾客自选套餐的自由。比如在确定主要菜品之后，提供多种配菜，由顾客自己选择搭配。

10.2.4 图与文案，要颜值高惹人爱

顾客在外卖平台上点餐时，首先看到的就是菜品图片。

外卖核心用户的一大标签就是年轻化，而年轻顾客群的一大特性就是"颜值为王"。

如果你的餐品颜值低、无文案，就很难激发顾客的用餐欲望。尤其是在传统的餐饮店"脸面"失效的情况下，餐品图片和文案就代替了店面装潢，成为吸引顾客的重要手段。

图10-2 曼玲粥店餐品图片

曼玲粥店是外卖平台上的网红粥店，从图 10-2 中也不难看出曼玲粥店成为爆品的原因。精致的餐品图片能够第一时间吸引顾客并获得其认可。

因此，在外卖营销中，必须注重图片与文案的设置，用高颜值赢得顾客。

1. VI 设计

在店面装潢中，我们曾经提及 VI 视觉设计的概念。而在外卖营销中，同样要策划外卖 VI 视觉设计，从餐品图片、介绍文案到餐具等各方面，打造出符合品牌特色的设计。

2. 定期更新

相比于线下市场，外卖市场的竞争更加激烈。任何成功的图片和文案都可能迎来效仿者，因此，你也要对 VI 设计进行定期更新。

这样一来，既能确保你的市场竞争优势，也能让老顾客产生新鲜感。

10.3 优惠活动，让线上餐饮带动线下气氛

10.3.1 多做活动，让顾客乐于参加

在外卖平台上，活动是影响店铺经营数据的重要因素。无论是为了提高单量还是抢占排名，都要多做活动，让顾客乐于参加。

各大外卖平台都会推出满减、折扣等活动，只有当餐饮店参加这些活动时，才更容易得到平台的推广。多做活动是提升餐饮店曝光量的重要途径，每个餐饮店都应积极参与。

10.3.2 实惠让利，满足顾客消费心理

在培养市场时，外卖平台的持续"烧钱"给顾客留下了实惠的印象。但随着外卖市场的日趋稳定，配送费提高、满减力度削减、红包减少……这些因素都导致外卖看起来不再实惠。

因此，在入驻外卖平台之后，实惠让利也应当成为外卖营销的重点。

1. 兼顾不同顾客群

外卖餐饮面对的顾客群属性更为复杂，在推出优惠活动时，就要兼顾不同顾客群，让各类顾客都可以享受到相应的优惠。

具体而言，新客立减活动主要用来吸引新客消费；满减活动则适用于所有顾客；满赠满返等活动能够起到提高客单价的作用。

2. 活动组合搭配

外卖平台的活动形式多样，你可以根据自身特色，精心设计活动组合搭配。当然，如果你的餐饮店主打外卖生意，你可以参加所有外卖活动。

此外，在设计长期优惠活动的同时，你也可以适时推出限时抢购活动，在短期内吸引大量顾客。

3. 把控活动力度

优惠活动的目的在于获客，但如果获客成本太高，甚至导致餐饮店出现亏

损，那未免得不偿失。

因此，在设计优惠活动时，既要让顾客感到实惠，也要计算整体盈亏情况，并及时调整。

10.3.3 互动营销，线上优惠与线下优惠结合

时至今日，外卖生意已成为很多餐饮店的主要营收来源。但主打实体经营的餐饮店同样可以尝试让线上餐饮带动线下气氛，将外卖顾客引流至线下。

比如很多餐饮店会推出满赠活动，当顾客消费达到相应金额时，就赠送线下消费的代金券，而且优惠幅度也十分诱人，从而实现引流的目的。

基于自身的经营特点，餐饮店应当将外卖营销融入营销矩阵当中，实现各大营销策略的协同作用，如赠送线下优惠券、引导关注公众号等活动。

这些活动的综合作用能够让餐饮店的营销效果最大化，也才有可能将顾客培养成忠诚粉丝，让餐饮店成为其线上、线下消费的第一选择。

10.4 价格策略，如何让顾客感觉更实惠

10.4.1 满减策略，让顾客乐于凑单

在所有外卖优惠中，对用户吸引力最大、参与率最高的活动就是满减活动。满减策略具有很好的引流效果，是外卖餐饮必备策略。

对于顾客而言，满减只是一种优惠。但对商家而言，满减却能够有效提高客单价，帮助餐饮店获得更多利润。

但很多餐饮店却对满减策略感到棘手，尤其是看到其他餐饮店动辄"满25减21"的优惠幅度时，会产生这样的疑问——这还怎么盈利？

之所以产生这样的心理，其实是因为很多餐饮店仍不懂得满减策略的"套路"。下面对此进行具体分析。

1. 先定满减，后定价

很多餐饮店在制订外卖满减策略时，都是先确定菜品价格再订满减策略。但在这样的思路下，无论怎么设定都会压缩菜品的利润空间，或是导致满减力度不够大。

事实上，外卖满减策略的正确思路应该先确定满减力度，再确定菜品价格。

较大的满减力度能够确保餐饮店在平台上排名靠前，也能吸引顾客的眼球，这也是外卖价格策略的重要逻辑原点。

因此，通过先定满减、后定价的方法，就能够满足价格策略要求，并确保菜品利润空间，避免陷入活动成本过高的困境。

2. 设置满减力度

满减力度的设置也不是拍脑袋决定的，而是根据餐饮店的实际情况进行计算。满减力度的计算在于两点，即满减门槛和满减金额，也就是"满多少"和"减多少"。

如果满减门槛过高，可能导致顾客凑单成本过高而丧失购买欲望；如果满减金额过少，也难以吸引顾客凑单。

经过调查统计，满减门槛应当为近 7 天客单价的 115%~130%，满减金额则是满减门槛的 5%~10%。如此一来，餐饮店就能通过满减策略实现营业额增长的目的。

10.4.2 半价策略，第二份半价惹人爱

相比于满减优惠，半价购买的优惠幅度看起来无疑更大。

但在选择半价菜品时，却存在较大难题：既要考虑菜品口味，又要兼顾活动成本。如果半价菜品的优惠幅度不及满减，也无法吸引顾客。

此时，你不妨转换思维，将半价策略改为第二份半价。

一般而言，外卖的主要消费场景是工作日午餐。而在职场环境下，第二份半价的策略也能推动顾客主动传播，号召同事"参团"。如此一来，顾客可以在"拼团"中获得更多优惠，商家也可以借此接触更多顾客。

1. 设计优惠幅度

为了确保半价策略的有效实施，半价菜品优惠幅度首先要大于满减优惠，比如"满 45 减 20，满 75 减 30"，与 50 元的餐品第二份半价相比，顾客无疑会选择前者。

2. 选择优惠菜品

如果选择主食类的菜品参加活动，那该菜品就应当符合大部分用户的口味，便于顾客"拼团"。

如果选择小吃、甜品类的菜品参加活动，则要注重菜品本身的美味程度，从而激发顾客"再来一份"的欲望。

10.4.3 红包策略，让顾客买了还想买

价格策略的另一个重要内容就是红包策略，通过赠送顾客红包能够刺激顾客二次消费。

在外卖平台上，顾客在享受店铺优惠活动时，只能选择其一。但店铺红包则可以在结算时独立使用，因此，店铺红包的吸引力也更大。

外卖红包就像是传统餐饮的代金券，但外卖平台的店铺红包还承担着刺激消费和提高客单价的职责。

为了刺激顾客二次消费，店铺红包的有效期都比较短，一般在一周左右。而当顾客在一周内二次消费时，就能再次获赠红包。如此一来，在理想状态下，顾客每周都会光顾至少一次。

此外，店铺红包作为"老顾客优惠"，一般也更加诱人，能够提高客单价。比如"满 50 减 10"这样的满减金额能够有效覆盖餐盒费、配送费等费用，给予顾客真正的优惠。

10.5 精准营销，吸引顾客"天天只点你"的策略

10.5.1 平台信息推送，温馨提醒顾客

各大外卖平台都有各自的信息推送机制，具体包括手机系统内的信息推送，也有打开 APP 之后的弹窗信息。这些平台信息推送都是店铺精准营销的绝佳舞台。

在过往的平台营销中，普通商家想要抢占平台信息推送头条，几乎不可能。但在如今，外卖平台却能做到"千人千面"，针对不同的顾客推送不同的信息，这就为普通商家的精准营销提供了可能。

1. 平台合作

在与外卖平台的深度合作中，你的营销信息会进入平台的信息推送，但这并不意味着你与平台进行了合作。想要低成本实现信息推送，就要积极参加平台推出的各类活动，并坚持推出较大的优惠力度，帮助平台吸引更多用户。

当然，如果你的资金实力较为雄厚，也可以直接与平台洽谈信息推送合作，并支付相应的费用。

2. 红包提醒

价格策略的一个重要内容就是红包策略。红包的作用不只在于吸引顾客二次消费，还有一个重要机制在于当你的店铺红包即将过期时，平台会主动提醒顾客"您有红包即将过期"。这就等于帮店铺温馨提醒顾客："您好久没来小店用餐啦！"

10.5.2 新品试吃，让顾客感到温馨

基于外卖平台的大流量，你也可以与顾客进行更深一步的互动——新品试吃。新品试吃的活动形式并无新意，但却能够切实让顾客感到温馨。

1. 0 元试吃

餐饮店在推出新品时，可以在外卖限量上架"0 元试吃"的优惠福利，让

部分顾客体验新品菜品。

2. 霸王餐

在推出新品试吃活动时，也可以顺势推出"霸王餐"活动，邀请外卖老顾客来店免费用餐，体验餐饮店的新式菜品和其他主打菜品。

在此过程中，也可以结合团购营销、社群营销等，要求顾客在团购平台上发表详细的带图评价。

10.5.3 外卖广告，让顾客吃外卖时关注促销信息

实体店的促销广告同样可以通过外卖业务进行推广。简单而言，你只需将传单放入外卖包装中即可。

但如何才能确保广告不被顾客随手丢弃呢？

这就需要餐饮店在广告文案上多花心思，写出一篇成功的广告软文。只有如此，才能让顾客边吃外卖、边看广告。

1. 故事类软文

故事类软文能够吸引大量具有"阅读癖"的用户，如微博上盛传的"厕所读物""睡前读物"等，都能满足用户无聊消遣的需求。故事类软文一般需要较长的时间阅读，因此，也正好适合顾客用于消磨时间。

2. 夺人眼球的标题

好的标题是软文成功的一半。在这个碎片化阅读时代，顾客在了解文章的大概内容之前，不会轻易投入大量时间阅读长文章。因此，你必须为促销软文拟定一个足够简洁、诱人的标题。

10.5.4 餐具营销，外卖餐具是营销的载体

关于外卖的营销，几乎都是外卖平台上的虚拟信息，其唯一的实物载体就是餐具。

在大多数餐饮店仍在使用标准一次性餐具时，有些餐饮店已经开始在餐具上做营销文章，如图 10-3 所示。

图10-3 "麻小"外卖餐具

"麻小"的外卖餐具中，桌布、围裙、一次性手套、湿纸巾……各类餐具一应俱全，这样的配置也更容易赢得顾客的认可。

当然，这样的餐具配置也意味着较高的成本。如果餐饮店毛利润较低，当然也可以采用一次性餐具。但要注意的是，一定要采购质量优良的餐具。当然，目前垃圾分类正在推行，餐具越简单，就越方便顾客。

如有条件，即使是一次性餐具，也最好做到品牌定制，在餐具包装上印上品牌LOGO。

第十一章

品牌管理：
做好品牌才有品牌溢价

11.1 餐饮文化，让文化提升餐饮价值

在当今时代，产品不仅要能用，还要能"讲故事"。这里说的"故事"是指产品的文化内涵。

如果单纯放一瓶矿泉水在那里，顾客关注的只是它能否解渴。但如果矿泉水旁边写着："采自 8 000 米高的雪原，与天山雪莲共生。"顾客是否会因为好奇而想体验一下呢？

谈及餐饮文化，很多餐饮人会认为文化都只是噱头。然而，如果只是停留在吃饱、吃好的地步，餐饮品牌又如何脱颖而出，餐饮又如何创造远超其本身的价值？

毋庸置疑，餐饮文化的塑造能够有效提升餐饮价值。但仍然有餐饮人对此感到迷茫，怎么才能在餐饮中融入文化内涵呢？

中国饮食文化具有鲜明的民族特色和魅力，概括而言，大致如图 11-1 所示。

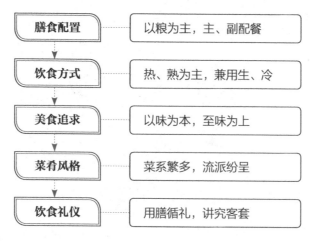

图11-1 中国饮食文化

中国饮食文化的兴起、传播与餐饮行业的发展密不可分。在新时代，主流文化内涵与时俱进，非主流文化形式也不断丰富。餐饮行业的文化塑造手段同样呈现出多样化的特征。

我们将餐饮文化的塑造手段归纳为三个层面。

1. 树立餐饮文化品牌

从品牌塑造的角度来看，餐饮店可以直接打造文化品牌，如王府井的王府文化、奥运村的奥运文化等。

当餐饮店难以在质量、价格或服务上实现巨大突破时，为餐饮注入更为丰富的文化内涵，则能在同业竞争中突破餐饮本身的比较，并与之在文化品牌这一更高境界上相互对决。

当然，餐饮文化品牌并非单一、固定的，而是多元、复合的。正如王府文化背靠古典的中国传统文化，奥运文化则可以进一步拓展为体育文化。只有这样的文化品牌才能在时代发展中与时俱进。

2. 设计餐饮文化营销

即使餐饮品牌本身未能形成文化内涵，餐饮店也可以通过设计各种餐饮文化营销活动，发掘、培养或创造适合的核心价值理念，并根据当前市场环境采取相应的文化适应和沟通策略。

具体而言，一直以年轻顾客为目标顾客群的麦当劳、肯德基，在当下却越来越被年轻顾客所抛弃。因为他们有着更加丰富的快餐选择，而麦当劳、肯德基则显得"老派"。

为了重新塑造年轻化形象，麦当劳率先掀起了二次元文化营销，携手网易漫画，合作推出了"艾木娘の不思议之旅"的原创漫画内容，直击90后群体。在麦当劳获得巨大成功之后，肯德基也迅速跟进，推出"'鹿娘'×肯德基陪你过圣诞"活动，将ACG（Animation,Comic,Game, 动画、漫画、游戏相关行业）文化与节日文化融合到一起，以吸引年轻顾客。

3. 拓展餐饮文化产品

聚焦文化产业领域，每个具有生命力的文化产品都能够催生更多的周边产品，如动漫手办、cosplay（Costume Play，角色扮演）、动漫展、动漫游戏……那么，成功的餐饮文化为何不能学习借鉴呢？

正如麦当劳、肯德基的特色玩偶一般，餐饮店同样可以根据自己的品牌形象（如 LOGO）设计独特的玩偶作为象征；或是制作餐饮文化作品，以小说、动漫、微电影的形式阐述品牌故事。

事实上，我国早已形成特殊的餐饮文化产品——美食节。许多城市都会根据本地餐饮特色举办特色美食节，比如青岛"啤酒节"、舟山"海鲜节"。这些美食节总能吸引无数游客光顾，而置身其中的餐饮店也可以搭上"顺风车"，拓展自身的餐饮文化产品。

11.2 品牌定位，如何找到自己的清晰定位

互联网时代为一切商业模式都插上了腾飞的翅膀：半年成爆品，一年被淘汰。每家餐饮品牌都希冀成为餐饮爆品，但又恐惧于爆品餐饮的昙花一现。

如何才能挣脱这种困局？

每位餐饮人都应当认识到，餐饮行业在当下的最大敌人并非同业对手，而是流行化：看到国学复兴，就做传统餐饮；看到二次元火爆，就做女仆餐厅……这种随波逐流的餐饮品牌自然难以长久，因为他们缺乏品牌定位的"根"。

每个餐饮品牌在创立之初都有自己的"根"文化。在时代潮流下，你当然可以赋予"根"文化更丰富的内涵，但如果为了迎合潮流而掘断自己的"根"，那结果只能是"自掘坟墓"。

巴奴毛肚火锅在创新发展之初，为了与海底捞抗衡，直接将海底捞的"舞面"照搬过来。但员工即使学到深夜，巴奴也难以在"舞面"上超越海底捞。好在巴奴及时醒悟，将关注点转移到面条本身，重新调整面胚配方、更换道具，

历时9个月研发出深受顾客喜爱的拽面。

之所以有这样的转变，正是因为巴奴毛肚火锅明确了自己的品牌定位——产品制胜。无论是拽面还是毛肚，巴奴毛肚火锅始终专注于产品，甚至在不断的研发中，连菌汤锅底的葱末数量都被严格确定为15粒。

拒绝跟风、坚守定位的策略，成就了今天的巴奴毛肚火锅。而对于广大餐饮店而言，做好品牌的前提正是找到自己的清晰定位。清晰定位包括以下四个要点。

1. 档次定位

档次定位综合反映餐饮店的品牌价值。在不同的餐饮场景下，顾客对餐饮店的分类往往会从档次着手。提起家庭外出聚餐，顾客想到的是中档家常菜；提起情侣外出游玩，那大概是路边低档小馆；但如果是结婚周年纪念，顾客则会在中高端餐厅中做出选择。

因此，品牌定位首先在于档次定位，档次也直接决定了餐饮品牌所能覆盖的餐饮场景。

2. 产品定位

产品是品牌的基础。餐饮店的产品自然就是各类菜品，每家餐饮店都想做出色香味俱全的精品佳肴，但在此基础上，餐饮品牌更要有自己的产品特色。如巴奴毛肚火锅的毛肚、杨记兴的臭鳜鱼。

当然，在打造产品特色之前，首先要确保菜品质量无忧，不能发生任何食品安全事故。

3. 服务定位

大多数餐饮店都有自己的服务标准规范，但仅靠标准又很难规范服务员的服务水平，而且形式化的服务更难赢得顾客的认可。餐饮店的品牌塑造离不开真诚、贴心、人性化的顾客服务。这都需要你在品牌定位中就对其明确。

4. 消费定位

时至今日，食客在餐厅吃的不仅仅是饭，更代表了个人的消费品位。此时，餐饮品牌也被赋予了各种品味内涵，或高档，或小资，或情调，或普通……

这其实就是餐饮品牌的消费定位，如何与目标顾客群的生活形态和方式产生关联？尤其是在社群营销盛行的今天，如果想让顾客加入你的社群，帮你主动宣传，餐饮店的消费定位就必须与其消费品位相匹配。

成功运用消费定位，可以让品牌个性化；顺应消费心理变化，更能唤起心灵共鸣。到此时，餐饮店也将为顾客提供一种超越餐饮本身的情感体验和文化体验，从而形成独树一帜的餐饮品牌。

11.3 品牌战略，战略影响餐饮店发展路径

无论是餐饮文化还是品牌定位，如果无法真正落地，那一切顶层设计也只是纸上谈兵。做好品牌的关键点始终在一个"做"字，即品牌战略的制订与执行。

在不到 3 年的时间里，"遇见小面"从简陋的街边店成长为拥有全国十几家门店的连锁品牌，甚至已经完成 4 笔融资，成为餐饮行业难得的资本宠儿。这背后的关键正在于其创始人的战略选择。

在进入餐饮行业之初，其创始人就曾深入思考过细分品类的问题，最终选择重庆小面主要有三个原因。

其一，与西餐和中式正餐相比，自身缺乏优势，竞争对手也十分强大。

其二，在口味清淡的广州地区，麻辣味的重庆小面更容易形成差异化。

其三，小面制作工艺简单，可标准化复制，更适合做连锁品牌。

正如其创始人所说，餐饮创业就是一条不归路，只能硬着头皮坚持往前走。但如果我们想要得到一个好的结果，那就要好好思考：如何走好这条路？

"遇见小面"之所以能够走上不断复制壮大的发展路径，赢得资本市场的广泛认可，离不开其创业之初对品牌战略的深思熟虑，更离不开创业之后对发展路径的探索坚持。

品牌战略直接影响餐饮店的发展路径。在确定品牌战略时，必须想明白以

下几个问题。

1. 确定发展目标

每个人在经营餐饮店之前都有自己的目标或梦想：有的人希望通过餐饮实现财富自由；有的人则想打造出麦当劳一样的跨国连锁品牌；也有人只想开好一家小店，体验创业生活……

发展目标不同，自然会导致发展战略的差别，后续的发展路径更是大相径庭。因此，在制订发展战略之前，首先要确立发展目标。

如"遇见小面"创始人在经营"遇见小面"之前，已经有过两次失败的创业经历。在创立"遇见小面"时，他的目标就是创业成功，打造出全国知名的餐饮品牌。

在"孟非的小面"火爆起来时，"遇见小面"创始人经过研究决定也做小面品类。为了成功，他专门到重庆学习小面技术，并迅速回到广州筹备开店。赶上了细分市场的发展契机，他在广州地区走上了差异化发展的路径。

2. 复盘、梳理与整合

制订餐饮品牌战略不是想当然的。纵观全球商业发展史，大量的成功和失败案例都能为你提供借鉴。更加重要的是，要结合个人的发展经历，对这些成功与失败进行复盘，如此才能在梳理与整合中，提炼出品牌战略的核心内容。

3. 制订品牌战略

品牌战略是企业将品牌作为核心竞争力，以获取差别利润与价值的经营战略，也是企业实现快速发展的必要条件。因为在以品牌形成消费者认知之后，品牌也能够深入消费者的内心世界，成为一种不可模仿的竞争优势。

品牌战略的内容十分丰富，主要包括以下六个方面，如图 11-2 所示。

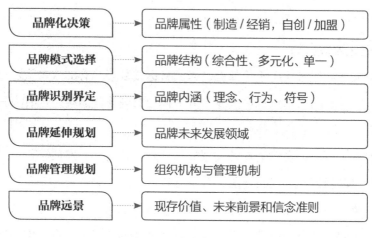

图11-2 品牌战略内容

只有在全面解决上述六方面的问题之后，品牌战略才算完整。当然，在品牌建立之初，你很难对这些问题产生全面的认知，品牌的概念必须在发展过程中不断完善。

4. 坚持发展路径

根据既定的品牌战略，餐饮店的发展路径也能够随之确定。所谓发展路径，就是解答如何实现品牌战略的问题，具体包括制度安排、模式设计、品牌管理、文化塑造等各方面内容。

无论如何，一旦餐饮发展的路径确定，你所要做的就是坚持前行。餐饮发展不能朝三暮四，但坚持也不意味着固执，而是在明确方向后不断调整前进，走向既定目标。